江苏省哲学社会科学规划重点项目
"江苏残疾人公共体育服务运行机制研究"

江苏省残疾人公共体育服务运行机制研究

金梅 著

南京大学出版社

图书在版编目(CIP)数据

江苏省残疾人公共体育服务运行机制研究 / 金梅著.
— 南京：南京大学出版社，2021.12
ISBN 978-7-305-25146-7

Ⅰ.①江… Ⅱ.①金… Ⅲ.①残疾人体育－社会服务－研究－江苏 Ⅳ.①G812.49

中国版本图书馆 CIP 数据核字(2021)第 233744 号

出版发行　南京大学出版社
社　　址　南京市汉口路 22 号　　　邮　编　210093
出 版 人　金鑫荣

书　　名　江苏省残疾人公共体育服务运行机制研究
著　　者　金　梅
责任编辑　束　悦

照　　排　南京南琳图文制作有限公司
印　　刷　江苏凤凰数码印务有限公司
开　　本　718×1000　1/16　印张 12　字数 201 千
版　　次　2021 年 12 月第 1 版
印　　次　2021 年 12 月第 1 次印刷
ISBN 978-7-305-25146-7
定　　价　60.00 元

网址：http://www.njupco.com
官方微博：http://weibo.com/njupco
官方微信号：njupress
销售咨询热线：(025) 83594756

* 版权所有，侵权必究
* 凡购买南大版图书,如有印装质量问题,请与所购
　图书销售部门联系调换

目 录

第一章 导 论 …… 001
 第一节 选题依据 …… 001
  一、研究背景 …… 001
  二、研究目的与意义 …… 004
 第二节 文献综述 …… 006
  一、国外研究述评 …… 006
  二、国内研究述评 …… 009
 第三节 研究思路与内容 …… 013
  一、研究思路 …… 013
  二、研究内容 …… 015
  三、研究对象与方法 …… 015

第二章 残疾人公共体育服务运行机制的理论基础 …… 021
 第一节 残疾人公共体育服务运行机制的概念、特征与价值取向 …… 021
  一、相关概念的界定 …… 021
  二、残疾人公共体育服务运行机制的基本特征 …… 026
  三、残疾人公共体育服务运行机制的价值取向 …… 028
 第二节 残疾人公共体育服务运行机制的理论基础 …… 029
  一、新公共管理理论 …… 029
  二、新公共服务理论 …… 030
  三、治理理论 …… 032
  四、系统理论 …… 032

第三节　残疾人公共体育服务运行机制的分析框架 …………… 034
　　一、公共体育服务运行机制内容框架 …………………………… 034
　　二、残疾人公共体育服务运行机制内容框架 …………………… 037

第三章　我国残疾人公共体育服务的发展 ………………………… 038
第一节　我国残疾人公共体育服务发展的阶段 ………………… 038
　　一、残疾人公共体育服务的建立 ………………………………… 038
　　二、残疾人公共体育服务的发展 ………………………………… 039
第二节　我国残疾人公共体育服务成效及问题分析 …………… 044
　　一、我国残疾人公共体育服务的主要成效 ……………………… 044
　　二、我国残疾人公共体育服务存在的主要问题 ………………… 049
　　三、我国残疾人公共体育服务问题的成因分析 ………………… 055

第四章　国外残疾人公共体育服务的经验借鉴与启示 …………… 056
第一节　残疾人公共体育服务的经验借鉴 ……………………… 056
　　一、美国的残疾人公共体育服务 ………………………………… 056
　　二、英国的残疾人公共体育服务体系 …………………………… 067
　　三、日本的残疾人公共体育服务体系 …………………………… 075
第二节　国外残疾人公共体育服务的经验启示 ………………… 080
　　一、建立与经济社会发展相适应的残疾人公共体育服务体系
　　　　……………………………………………………………………… 081
　　二、不断完善残疾人公共体育服务的法律和制度建设 ………… 081
　　三、创新公共服务方式，实现多元主体的残疾人公共体育服务供给
　　　　……………………………………………………………………… 082
　　四、坚持政府主导，提高残疾人公共体育服务质量 …………… 083
　　五、重视残疾人群体的公共体育服务，提高参与率 …………… 083

第五章 江苏省残疾人公共体育服务现状分析研究 ………… 085
第一节 江苏省经济社会发展及残疾人状况 ………… 085
第二节 江苏省残疾人公共体育服务需求研究 ………… 088
一、江苏省残疾人公共体育服务需求现状分析 ………… 089
二、江苏省残疾人公共体育服务需求存在的问题及成因分析
………… 092
第三节 江苏省残疾人公共体育服务供给研究 ………… 094
一、江苏省残疾人参与体育健身活动现状 ………… 094
二、江苏省残疾人公共体育服务供给主体现状 ………… 097
三、江苏省残疾人公共体育服务供给内容现状 ………… 100
四、江苏省残疾人公共体育服务供给方式现状 ………… 108
五、江苏省残疾人公共体育服务供给存在的问题及成因分析
………… 110
第四节 江苏省残疾人公共体育服务保障研究 ………… 114
一、江苏省残疾人公共体育服务保障现状 ………… 114
二、江苏省残疾人公共体育服务保障存在的问题及成因分析
………… 120
第五节 江苏省残疾人公共体育服务满意度评价及影响因素研究
………… 123
一、江苏省残疾人公共体育设施与服务满意度评价分析 ………… 124
二、江苏省残疾人公共体育服务满意度评价影响因素及成因分析
………… 140

第六章 江苏省残疾人公共体育服务运行机制构建 ………… 143
第一节 江苏省残疾人公共体育服务运行机制构建的背景 ………… 143
第二节 江苏省残疾人公共体育服务运行机制构建的定位及目标
………… 145
一、江苏省残疾人公共体育服务运行机制的定位 ………… 145

二、江苏省残疾人公共体育服务运行机制的发展理念............ 147
三、江苏省残疾人公共体育服务运行机制的基本目标............ 147
四、江苏省残疾人公共体育服务运行机制的基本原则............ 148

第三节　江苏省残疾人公共体育服务运行机制框架及内容............ 149
一、江苏省残疾人公共体育服务运行机制的基本框架............ 149
二、江苏省残疾人公共体育服务运行机制的基本内容............ 154

第四节　江苏省残疾人省公共体育服务运行的实施策略............ 176
一、加强政策创新，完善服务运行机制 176
二、构筑交互式多元主体供给机制，满足不同需求 176
三、激发专业协会和社会组织的活力，提高服务能力 177
四、建立有效的社会保障和资源保障机制，提升服务质量 178
五、建立多元化服务运行模式，深化服务内涵 180
六、加强科技服务力度，提供全方位信息化服务 180
七、构建丰富的体育活动内容，建立科学的评价机制 181

结　语 183

第一章 导 论

第一节 选题依据

一、研究背景

《世界残疾报告》指出全球范围内的残疾人的数量达到惊人的地步,全球已有超过10亿人(占2010年全球人口的15%)带有某种形式的残疾而生存。[1] 善待民众、尊重残疾人是文明社会的基本标志。托克维尔曾指出,国家(政府)有责任和义务为每位公民(包括残疾人)有尊严地过上体面的生活提供必备条件,无论是地域、种族、肤色、年龄、性别,还是信仰、文化的不同。服务于人民,让每个人享受到公平而平等的待遇,是民主国家的一个基本使命。[2] 同时弗雷德里克森的社会公平复合理论提出,起点公平是人类获得生存发展权的基础性资源条件,也是西方政府在选择社会保障制度和福利措施对弱势群体进行救助,以保障其基本的生存条件和国民待遇的逻辑起点。[3]

改革开放以来,我国残疾人工作得到长足的发展,政府相继出台了一系列政策、法规和条文为残疾人事业保驾护航,如《中华人民共和国残疾人保障法》《中国残疾人事业"十二五"发展纲要》《加快推进残疾人社会保障体系和服务体系建设》《加快推进残疾人小康进程的意见》等。党和国家领导人一直都十分重视残疾人工作,关心残疾人生活。习近平总书记指出:"让广大残疾人安居乐业、衣食无忧,过上幸福美好的生活,是我们党全心全意为人民服务宗旨的重要体现,是我国社会主义制度的必然要求。"[4] 目前,我国有8500万

---

[1] 世界残疾报告[M].日内瓦:世界卫生组织出版社,2012:249-256.
[2] 靳永翥.公共服务提供机制[M].北京:社会科学文献出版社,2009:2-4.
[3] 乔治·弗雷德里克森.公共行政的精神[M].张成福,译.北京:中国人民大学出版社,2003:106-108.
[4] 习近平.致中国残疾人福利基金会的贺信[EB/OL]. http://www.xinhuanet.com/2019-05/19/.

残疾人,是世界上残疾人人口最多的国家,有四成农村残疾人生活在贫困线以下,近3 000万城镇残疾人的生活状态低于社会平均值。到2020年,我国要全面建成小康社会,而残疾人的小康进程将直接关乎该目标的实现。没有残疾人群体的小康,全面建成小康社会的目标就无法真正实现,加强和改进残疾人的基本公共服务,保障和改善残疾人民生,帮助残疾人共享发展结果,同奔小康,成为"十三五"需要着力解决和攻坚的任务。因此说,推进残疾人事业发展不仅是落实创新、协调、绿色、开放、共享发展理念的内在要求,也是社会政策要托底的具体体现。《国家基本公共服务体系"十二五"规划》中的第十章和第十一章,分别就公共文化体育和残疾人基本公共服务明确提出了重点任务、基本标准和保障工程,尤其是考虑到我国残疾人数量多、困难程度大,残疾人事业基础薄弱,与社会平均水平存在着比较大的差距等因素,将残疾人基本公共服务单列一章,可以看出国家对于不断完善残疾人服务体系,加快推进残疾人公共服务走上制度化、标准化和专业化的决心和信心。国务院颁发的《"十三五"加快残疾人小康进程规划纲要》提出,提升残疾人基本公共服务水平,实施"残疾人体育健身计划"[①];中国残疾人联合会(简称"中残联")、国家体育总局等多部门出台的《残疾人文化体育工作"十三五"实施方案》就提高残疾人公共文化参与率、提升服务水平、保障平等享有的权益提出了具体的实施方案。

公共体育服务是基本公共服务体系的重要组成部分,是在国家步入"治理时代"进一步创新社会管理体制、完善社会政策制度大的社会背景下,根据党中央提出的我国体育事业要从体育大国向体育强国迈进的目标,站在发展战略的新高度和新的理念与价值取向下提出的新任务,其本质是从保障公民的基本体育权利和根本利益出发,将体育发展的各项资源和要素统筹起来,以最大限度地满足公民体育健身需求的公共服务体系。2010年中国残疾人联合会等颁布的《关于加快推进残疾人社会保障体系和服务体系建设的指导意见》中提出东部地区要率先起到示范作用[②]。2013年国家体育总局与江苏省人民政府签署了《建设公共体育服务体系示范区合作协议》(以下简称《协议》)。该《协议》的签署标志着国家体育总局把公共体育服务体系纳入

---

① 国务院"十三五"加快残疾人小康进程规划纲要[EB/OL]. http://www.gov.cn/zhengce/content/2016-08/17/content_5100132.htm.

② 国务院办公厅. 国务院办公厅转发关于加快推进残疾人社会保障体系和服务体系建设指导意见的通知[EB/OL]. http://www.gov.cn/zwgk/2010-03/12/content_1554425.htm.

体育整体工作中,统筹规划、整体推进,通过示范区建设,为促进体育事业全面、协调、可持续发展探索路径、积累经验。江苏作为我国经济较发达地区之一,人均生产总值(GDP)、地区发展与民生指数(DLI)均居全国省域第一,综合发展水平最高,已达到"中上等"发达国家水平。江苏省围绕着努力构建功能设施完善,覆盖城乡一体,组织健全惠及全民的公共体育服务体系目标,加快推进公共体育服务体系建设,为我国公共体育服务体系建设提供示范。

近年来,作为提高残疾人身体健康水平、改善生活状况、平等参与社会的公共体育服务,越来越受到社会和政府的关注和重视,各级政府通过一系列维护残疾人权益、消除障碍、促进残疾人平等参与的文件,有力地推动了残疾人公共体育服务状况的改善。2007年国务院颁布的《关于进一步加强残疾人体育工作的意见》指出,要"根据残疾人特点,组织残疾人广泛开展自强健身活动"[1]。2009年中国残疾人联合会、国家体育总局、教育部、民政部联合下发《关于切实加强新时期残疾人群众体育工作的意见》,针对残疾人群众体育工作提出具体实施意见。[2] 2016年6月《国务院关于印发全民健身计划(2016—2020年)的通知》,提出"进一步加大国家全民健身助残工程的支持力度"[3]。为贯彻落实《全民健身计划(2016—2020年)》,切实维护残疾人的体育权益,满足广大残疾人的体育需求,中国残疾人联合会立足全民健身事业大局,一方面积极推动残疾人共享基本公共体育服务均等化成果,逐步缩小残疾人群体享受公共体育服务的差距。另一方面加快实施残疾人"自强健身工程""康复体育关爱工程",推动残疾人康复体育、健身体育、竞技体育协调发展,广泛开展残疾人群众性体育健身活动,加强残疾人群众体育健身工作的指导,使更多的残疾人能够享受到优质的体育健身服务;积极采取措施解决公共体育设施向残疾人开放和使用问题,努力使广大残疾人更多地享受到体育健身带来的快乐和裨益。

目前,我国残疾人公共体育服务步入快速发展期,但是残疾人平等地享

---

[1] 国务院办公厅.关于进一步加强残疾人体育工作的意见[EB/OL]. http://www.gov.cn/gongbao/content/2007/content_638522.htm.

[2] 教育部.关于切实加强新时期残疾人群众体育工作的意见[EB/OL]. http://www.moe.edu.cn/publicfiles/business/htmlfiles/moe/s4527/201005/87788.html.

[3] 国务院办公厅.国务院关于印发全民健身计划(2016—2020年)的通知[EB/OL]. http://www.gov.cn.

有公共体育服务仍面临着很多困难和挑战。一方面,为残疾人提供公共体育服务的理念和残疾人享有的权利并没有得到保护,使得残疾人群体仍然是被遮蔽的对象,因此导致政策制定中无法彰显这一群体的权益要求;另一方面,由于残疾人公共体育服务供给主体与渠道单一,公共体育服务不均等,公共体育服务不能满足残疾人的基本需求。2019 年我国经常参加残疾人群众文化体育活动的人数由上一年的 12.19% 上升为 14.6%,虽然这与以往相比较有所提高,但与基本参与率的 33.9% 还是有差距。《中国公共体育服务发展报告(2013)》系统地分析了目前我国公共体育服务体系着力点、背景、现状以及借鉴,并从八个方面提出展望,其中第五个方面认为:当前我国公共体育产品的服务总量不足,公益性差、公平性不足,区域及城乡、阶层差异明显,突出表现在农村、老少边地区、弱势群体的公共服务严重滞后。[①] 从《中国公共体育服务发展报告(2013)》中可以看到弱势群体在公共体育产品提供服务中的差距和严重滞后。所以说,加快构建残疾人公共体育服务体系、发展残疾人公益性体育事业是推进政府职能转变、落实政府体育惠民的重要举措。

二、研究目的与意义

(一) 研究目的

第一,基于新公共服务管理理论、新公共服务理论、治理理论和系统理论的指导,阐述有关残疾人公共体育服务体系的内涵、特征及价值取向,为残疾人公共体育服务运行机制研究奠定理论基础。

第二,客观描述江苏省残疾人公共体育服务需求、供给、保障和满意度状况,以及影响因素和成因分析,以便为进一步完善江苏省残疾人公共体育服务运行机制奠定基础。

第三,研究探讨以残疾人健康为主题,以健康江苏战略为发展视野的残疾人公共体育服务运行机制,有助于江苏省残疾人公共体育服务长效机制形成与发展,并提供前瞻性构想与参考。

(二) 研究意义

21 世纪以来,公共服务已经成为社会关注的焦点,在经济全球化背景

---

① 戴健.中国公共体育服务发展报告(2013)[M].北京:社会科学出版社,2013.

下,提高政府管理和服务效能成为世界范围内各级政府管理改革的核心问题。理论和实践表明,公共服务是所有社会成员都应当平等享有的。在我国全面深化改革保障和改善民生的一系列举措中,残疾人公共体育服务体系建设显得尤为迫切,其意义体现在:

1. 理论意义

(1) 丰富公共体育服务的理论研究,为后续研究提供研究基础。随着我国体育发展新目标、新理念的确立,尤其是全民健身提升到国家战略层面,体育领域如何提供更好的公共服务产品,发挥体育在建设健康中国、推动经济转型升级、增强国家凝聚力和文化竞争力等方面的独特作用等问题成为学者们在理论和实践研究中关注的焦点。目前,学术界对公共体育服务体系的研究已取得可喜的成果,但对残疾人公共体育服务运行机制的研究却不多见,尚显薄弱,对体系的构建、面临的障碍缺乏理性剖析。本书立足国内外公共体育服务研究成果,重视对残疾人公共体育服务核心概念阐释、理论溯源、基本特征、运行机制等方面的系统研究,进而在理论创新争取有所突破。

(2) 通过残疾人公共体育服务运行机制的研究,为进一步改进残疾人参加体育健身活动条件提供保障,推动公共体育服务均等化发展。随着国家持续推进服务型政府的建设,地方政府围绕残疾人公共服务运行机制展开各种形式的创新实践,基于实现"2020年基本公共服务体系更加完备、政策保障更加完善"的目标,迫切需要对这些创新实践进行梳理总结,凝练出具有示范性的创新模式,为政府决策提供建议。

(3) 具有弘扬公平正义伦理价值的意义。习近平总书记提出的"要让国家变得更加富强、让社会变得更加公平正义、让人民生活得更加美好",不仅是我们中国特色社会主义国家的美好夙愿,也是包括西方在内的国家和政府亘古不变的主题。公平正义是每一个现代社会孜孜以求的理想和目标,是社会和谐基础与价值追求,是评价一个社会的准则。因此,许多国家都在尽可能地加大公共服务和社会保障力度的同时,高度重视机会和过程的公平。通过建立健全以及完善残疾人公共服务运行机制,着力改善残疾人生活福祉,促进社会和谐,从而提升残疾人对共享改革成果的满意度,进而实现共同奔小康的宏伟目标。

2. 现实意义

(1) 有利于提高残疾人公共体育服务管理水平,促进政府和社会各阶层关注该群体的公共体育服务状况,并积极采取各种措施促进残疾人的健康发展。通过对残疾人公共体育服务体系的研究,引导各级政府树立以基本公共服务为中心的政绩观,转变政府职能,改进相关行为主体的政策行为,提高部门合作意识,促进残疾人健康水平的提升。

(2)残疾人公共体育服务运行机制建设是解决当前残疾人公共体育服务供需矛盾、实现公共体育服务均等化的重要途径和手段,对维护公共利益,彰显公共体育服务的基本性、公益性和全民性有着重要的现实意义。

(3)将为残疾人体育工作政策制定提供理论参考和对策建议。残疾人公共体育服务问题的复杂性、艰巨性和长期性决定了治理过程的困难性。发达国家较为成熟的政策制度保障有力推动了残疾人公共体育的发展。在"健康中国"战略下,我国更应该聚焦于残疾人的健康需求,以制度化、规范化的政策为切入点,更好地发挥政策的引领作用。

第二节 文献综述

一、国外研究述评

建立健全公共服务运行机制是加强和创新社会管理和政府公共服务职能的重要目标。更为重要的是,在当今不断变化的社会背景下,世界各国依然将公共服务工作提到国家发展战略的高度,构建完善的公共服务运行机制成为当下服务型政府的目标所在。有研究表明,西方经济发达国家的残疾人比例正在增加,越来越多的残疾人都依赖于特殊的援助和服务。[1] 近年来,越来越多的学者开始关注残疾人公共体育服务的实践探索和理论研究。具有鲜明的中国特色"公共体育服务"的提法是当代中国经济社会发展改革的产物,也是中国学者对政府治理理论研究的重要贡献。在西方语境中虽然没有这个提法,其名称与国内不一致,但其内涵实质相似。西方的学者对残疾人体育活动的设施、社会服务以及保障和权力的研究比较多。

(一)研究综述

1. 关于政策保障和组织机制研究

Misener L 和 Darcy S 认为,残疾是一个复杂的、多维的社会建构,应高

---

[1] Seeland K, Nicolè S. Public green space and disabled users[J]. Urban Forestry & Urban Greening, 2006, 5(1): 29-34.

度重视残疾人的权利保障,政府应该从政府的属性、参与者的行为参与管理和消费政策的实施。[①] 美国修订了《残疾人保障法规》和《教育法第九篇修正案》,这些都是维护残疾人权益的法律文件,并在全世界建立了最早的为残疾人提供服务的社会组织。日本依托障碍者体育协会,建立大型地域性综合体育俱乐部,让残疾人与健全人共享体育活动场所,帮助他们回归社会。英国政府先后出台的《伦敦政府法》(1965)、《英国的新蓝图:一个新福利契约》(1998)明确指出为残疾人弱势群体提供伤残保障和健康服务,社会服务机构为残疾人提供一系列的服务和政策措施。[②] 瑞典政府通过立法确保残疾人享有与健全人均等的机会,如《社会服务法》《反歧视法》。Yaqoub M[③] 和 Wicker P[④] 从国家立法体系和国际标准对残疾人的体育权利和发展现状进行探讨。

2. 残疾人参与体育活动状况研究

欧美学者 Paramio-Salcines J L[⑤]、Sandel M E[⑥]、Kung S P 通过对美国、荷兰、英国的残疾人公共体育开展情况的研究,分别对公共体育服务政策、需求、供给和不足进行论证。Kung S P 和 Taylor P[⑦] 对 2005—2011 年的英格兰 458 个运动中心残疾人使用公共体育场地设施的情况进行分析,研究表明,使用最多的是游泳和健身项目器材,提出通过增加运动中心,提供优惠政策、休闲卡,以及免费接送提高参与比例。Pagán-Rodríguez R 以时间为决定因素,用主动、被动社会活动作为调查内容,2002—2003 年在西班牙进行社会调查,发现残疾人的日常活动更容易分配在被动的休闲(如阅读、电视、视频、电台)和不需要花钱的社会娱乐(如戏剧、文化和社会事件)上,并且发现

---

① Misener L, Darcy S. Managing disability sport: From athletes with disabilities to inclusive organisational perspectives[J]. Sport Management Review, 2014, 17(1): 1-7.

② 张汝立,等. 外国政府购买社会公共服务研究[M]. 北京:社会科学文献出版社,2014.

③ Yaqoub M. The Rights of Disabled people in the Hashemite Kingdom of Jordan As Per the National Legislative System and International Standards[M]. British Council, 2008.

④ Wicker P. Exploring the organizational capacity and organizational problems of disability sport clubs in Germany using matched pairs analysis[J]. Sport Management Review, 2014, 17(1): 22-23.

⑤ Paramio-Salcines J L. Institutional perspectives on the implementation of disability legislation and services for Spectators with Disabilities in European professional football[J]. Sport Management Review, 2013, 16(3): 337-348.

⑥ Sandel M E. The California Kaiser permanente health system: Evolving to meet the needs of people with disabilities [J]. Disability and Health Journal, 2010, 3(4): 240-244.

⑦ Kung S P, Taylor P. The use of public sports facilities by the disabled in England[J]. Sport Management Review, 2014, 17(1): 8-22.

每天参加休闲活动的人在性别、年龄、婚姻状况上有显著性差异,并提出有必要界定、调整和实施具体的休闲活动,使残疾人能够充分参与这些活动,提高社会融合和生活满意度。[1]

3. 参与体育活动的影响因素研究

Hua K P 和 Ibrahim A[2] 通过对马来西亚312名肢体残疾者参加体育旅游考察服务组织面临的挑战的研究发现,影响其参与的因素有身体结构、人际交往、自我和文化的约束,其中最主要的就是交通的限制。Factors Affecting Participation in Certain Sports 提出无障碍设施、交通都是影响残疾人参与体育活动的主要因素。[3] 德国在分析残疾人体育俱乐部的组织能力问题的基础上,积极探索残疾人体育俱乐部的基础设施、规划和容量。

4. 体育服务标准评估研究

Chelladurai P[4] 和 Meaden C A[5] 通过对欧美国家的体育服务实证研究,针对残疾人的特点提出体育服务的标准评估方法,进而推动残疾人参与体育健身的积极性。德国和日本的社区体育设施都配备专职的服务人员和志愿指导人员,而且重视大众健身的科技攻关。日本有非常完善的健康体适能评估体系,既有国家层面的评估标准,各健身协会也有自己的行业标准,并对从业资格及项目要求做出明确规定。美国采用库珀博士研发的健康评估体系,对不同年龄段锻炼人群作评价,达到标准的人将颁发总统健身奖章。英国政府在公共服务领域的改革走在世界前列,其所创建的政府绩效评价制度和方法,如最佳价值(best value performance)、全面绩效考核(comprehensive performance assessment)为各国采用和借鉴。在制定体育服务规划时,需要与相关部门进行讨论,与效标对比,以竞争的方式获得最好的效果。

(二) 研究述评

纵观国外相关的研究发现,欧美国家对残疾人权利的保护,以及公平公

---

[1] Pagán-Rodríguez R. How do disabled individuals spend their leisure time?[J]. Disability and Health Journal. 2014, 7(2): 196-205.

[2] Hua K P, Ibrabim A. Sport Tourism: Physically-disabled Sport Tourists' Orientation[J]. Procedia-Social and Behavioral Sciences, 2013, 91(10): 257-269.

[3] Contemporary Studies. Factors Affecting Participation in Certain Sports[EB/OL]. http://www.marked by teachers.com.

[4] Chelladurai P. Targets and standards of quality in sport services[J]. Sport Management Review, 2000, 17(1): 1-22.

[5] Meaden C A. Assessing People with a Disability for Sport: The Profile System [J]. Physiotherapy, 1991, 77(6): 360-366.

正地享受国家和社会组织提供的各种公共体育服务已是常态化。政府通过规范化的法律制度让越来越多的残疾人享有特殊的援助和服务，政府和社会组织为残疾人提供更加包容的社会空间，提高他们的健康和社会交往水平。通过学校、社区俱乐部为残疾人提供更多的体育参与机会，提高残疾人体育锻炼参与率，提升健康水平。针对残疾人体育设施、活动、组织等问题，各国纷纷出台相关的促进政策，从社会保障、福利制度等方面为残疾人公共体育服务质量的提升提供制度保障。

二、国内研究述评

自2002年朱镕基总理的《政府工作报告》将公共服务纳入政府职能以来，完善公共服务体系已成为我国学界和政府关注的重大问题。作为基本公共服务主要范围的文化体育服务也成为文化体育学界和相关政府部门研究和工作的重点，尤其是近年来体育领域公共服务研究一直是体育界专家学者研究的热点问题。学者围绕公共体育服务的概念、内涵、体系、管理体制、运行机制、均等化等展开研究，从不同层面和角度就公共体育服务体系进行探索。随着全面建成小康社会进程的推进，全民健身已被提升到国家战略层面，意味着学术界要从更高、更广的视野和维度思考体育在国家和经济社会发展中的作用，全面认识、深度挖掘体育的社会价值和需要。在国家一系列进一步完善全民健身公共体育服务体系、做好各类人群的全民健身工作部署中，"残疾人公共体育服务"也逐渐走进学术界的视野。

（一）研究综述

1. 论文数和课题量情况

以中国期刊全文数据库中国知网（CNKI）为检索源，将"篇名"作为检索项，以"残疾人公共体育服务""残疾人公共体育服务运行"或"残疾人体育公共服务""残疾人体育公共服务""残疾人体育服务"以及含有"残疾人群众体育""残疾人康复体育""残疾人社区体育"和残疾人体育的"运行机制""服务管理""服务体系""公共治理""健身服务"为主题词进行检索，截至2020年8月31日，与"残疾人公共体育服务"和"残疾人体育公共服务"相关的研究已有来源期刊论文656篇，其中关于"运行机制"的研究4篇，硕博论文11篇，中国会议论文2篇，期刊论文6篇。残疾人公共体育服务体系学术关注度的变化与国家出台的一些政策相关，如2012年颁布的《国家基本公共服务体系"十二五"规划》，对文化体育基本公共服务、残疾人基本公共服务都做出明确要求,因此从 2012 年开始,有关残疾人公共体育服务以及体系的相关研究开始进行。随着 2014 年国务院印发《关于加快发展体育产业促进体育消费的若干意见》,全民健身上升为国家战略。2015 年《关于加快推进残疾人小康进程的意见》《残疾人康复体育关爱家庭计划(试行)》的颁布以及 2016 年中国残疾人联合会、国家体育总局等部委印发《残疾人文化体育工作"十三五"实施方案》,2017 年颁发的《"十三五"推进基本公共服务均等化规划》等规划、实施方案的落地,学术界对残疾人公共体育服务进行研究的文章开始增多。

此外,课题的立项数也是衡量研究主题是否受关注度的一个重要指标。其中,文章源自残疾人公共体育服务和残疾人体育公共服务研究的国家社会科学基金 8 项,江苏省教育厅社会科学研究基金 1 项,福建省软科学研究计划 1 项。

(1) 期刊分布。由表 1-1 可知,截至 2018 年 10 月 31 日,国内有 11 篇关于残疾人公共体育服务研究论文,分别发表在 9 种不同的刊物,包括体育类核心期刊和 CSSCI 中国社会科学引文索引来源期刊。

表 1-1　国内残疾人公共体育服务研究的论文核心刊物分布

期刊名称	篇数
体育科学	1
首都体育学院学报	1
成都体育学院学报	1
南京体育学院学报	1
北京体育学院学报	1
武汉体育学院学报	1
西安体育学院学报	1
体育文化导刊	3
残疾人研究	1

＊统计数据来源中国期刊网,截至 2018 年 10 月 31 日

(2) 作者与研究机构分析。从表 1-2 可知,在作者和研究机构分布上,关于残疾人公共体育服务研究的主力军是高校教师,尤其是长期从事残疾人体育教育教学的教师,依然是课题研究的重要力量,同时也显示出体育领域的专业性和独立性。

表1-2 国内残疾人公共体育服务研究的作者及其机构分布

第一作者	篇数	作者单位
金梅	6	南京特殊教育师范学院
吴燕丹	4	福建师范大学
肖丽琴	3	杭州电子科技大学
陈曙星	2	杭州师范大学钱江学院
翟帅帅	2	鲁东大学
李杰	2	天津天狮职业技术学院

* 选取发表2篇文章以上的第一作者(统计数据来源中国期刊网,截至2018年10月31日)

2. 关于残疾人公共体育服务运行机制的研究

国内诸多学者对我国的残疾人体育健身服务和供给体系的运行机制进行研究。孙海洋以黑龙江省的城市社区和县以下的乡镇农村社区18岁以上参加过体育健身活动的残疾人为研究对象,从健身理念、健身内容、运行机制、服务组织等展开研究,提出强化政府责任,落实地方政府职责,研发残疾人体育项目,增加专项资金等结论。[1] 郭阳和刘文斌通过对西安市残疾人参加体育锻炼的动机和满意度的调查,论述西安市残疾人公共体育服务供给体系的运行状况。[2] 陈曙星通过对浙江残疾人公共体育服务体系的研究,探索出一条适合浙江残疾人公共体育服务体系发展模式。[3]

国内学者对我国的残疾人公共体育服务(残疾人体育公共服务)现状进行探讨。黄晓晓等认为我国残疾人公共体育服务供给虽取得了巨大成绩,如体育设施明显改善、体育指导水平逐渐提升、体育组织迅速发展、体育活动日趋丰富,但仍存在重视程度不够、服务供给水平低、供给主体单一等问题。[4] 翟帅帅和于军在"善治"理论的视角下,提出了残疾人体育公共服务均等化的"善治"模式。[5]

3. 关于残疾人公共体育服务体系的研究

国内学者在融合、公共供求理论和民生视域下就残疾人体育公共服务体

---

[1] 孙海洋.全民健身视域下残疾人体育健身服务运行机制的研究[D].牡丹江:牡丹江师范学院,2017.
[2] 郭阳,刘文斌.西安市残疾人体育公共服务供给体系运行的机制研究[J].品牌,2015,(1):48-50.
[3] 陈曙星.浙江残疾人体育健身服务体系构建与运行机制研究[J].科教导刊,2015,(8):165-166.
[4] 黄晓晓,黄卓,张油福.残疾人公共体育服务研究[J].体育文化导刊,2012,(2):22-26.
[5] 翟帅帅,于军.善治视域下残疾人体育公共服务均等化模式探究[J].内江科技,2013,(4):174-175.

系构成、发展路径进行研究。吴燕丹和王秀丽认为保障体系、支持体系和环境体系是我国残疾人体育公共服务体系的三大支柱,提出服务人才培养、公民教育、多部门合作等具体策略。[1] 肖丽琴则对浙江省残疾人体育公共服务体系的基本现状、需求、供给特征进行调查分析,探索了残疾人体育公共服务体系发展的影响路径。[2] 陈曙星利用公共供求管理理论,根据浙江省残疾人体育健身需求的服务运行机制与理论建构的供求失衡,提出整合残疾人康复体育体系与健身体育体系的政府与社会资源。[3] 胡摇华[4]、程晖[5]、郭阳[6]分别对上海、甘肃和西安的残疾人公共体育服务以及需求、供给现状进行实证研究,认为残疾人对体育健身的需求较为迫切,但存在满意度低,基本的公共体育服务内容、供给体制机制不完善、公共产品和资金不足等主要问题,提出了加强公共体育场馆器材、无障碍设施、健全财政投入等措施。

4. 关于残疾人体育服务公共管理的理论与实证研究

郎海波等以治理理论的"合作、互动、服务"为核心,提出残疾人体育公共治理要在共同目标下形成由政府主导、社会组织参与的多元合作、双向互动的管理模式。[7] 郎海波等还对安徽省残疾人体育参与和服务管理现状进行调查,发现公共体育资源配置不均、制度性服务管理机制落后、社会支持培育政策缺乏,以及政府职能机构服务供给能力和效率低下是造成残疾人体育公共服务管理滞后的社会因素,提出要以政府为责任主体,加强和创新社会管理,建立完善支持培育政策,健全残疾人体育公共财政投入制度,构建制度化的社会支持体系,拓展社会支持的参与空间。[8]

---

[1] 吴燕丹,王秀丽.融合视野下残疾人体育公共服务体系的构建与完善[J].首都体育学院学报,2013,25(3):219-222.

[2] 肖丽琴.公共供求理论视域下残疾人体育公共服务体系研究:以浙江省为例[J].体育科学,2012,(3):17-26.

[3] 陈曙星.民生视域下残疾人体育健身服务体系的构建与完善[J].当代体育科技,2015,(28):22-23.

[4] 胡摇华,蔡犁.上海市残疾人公共体育服务体系构建[J].体育科研,2015,(4):42-47.

[5] 程晖,马冬梅,段义文.残疾人体育公共服务体系的需求与供给:基于甘肃陇东南地区残疾人体育调查[J].体育科技文献通报,2016,(1):24-25.

[6] 郭阳,刘文斌.西安市残疾人体育公共服务供给体系运行的机制研究[J].品牌,2015,(1):48-50.

[7] 郎海波,马恒祥,杜娟,等.治理理论视域下残疾人体育公共治理[J].西安体育学院学报,2013,(6):689-693.

[8] 郎海波,李毅,陶宏军,等.残疾人体育服务管理的社会支持:基于安徽省残疾人体育调查[J].湖州师范学院学报,2013,(6):90-95.

5. 关于残疾人体育服务保障和供给制度研究

张健等在分析西北地区残疾人体育参与的影响因素后，认为可以从开拓创新健身市场、制度配套、舆论引导、运行保障等来构建残疾人体育健身保障体系。① 何文胜等从财政保障机制角度对残疾人体育的政府供给、市场供给和自愿供给(第三方供给)三种供给模式进行分析。②

(二) 研究述评

国内针对残疾人公共体育服务体系的研究起步相对较晚，基础理论研究薄弱，研究成果相对较少。在研究理论深度与系统性方面，对残疾人公共体育服务体系的概念与内涵、内容、特性与范围等方面的研究还只是停留在概念的简单复制、理论的移植阶段，研究呈现"碎片化"。就研究视角而言，以社会学、公共管理学视角研究残疾人公共体育服务相对较多，而与社会公平正义、人道主义的内在逻辑关系的研究较少。在研究方法方面，对现状的描述和经验的描述研究较多，缺乏针对残疾人公共体育服务体制机制、运行等解释性和探索性的研究。

综合而言，国内外专家学者对残疾人公共体育服务给予一定的关注，分别在制度建设、供给方式、政府重视等方面进行探讨，提出了相应的措施，然而，已有的研究成果也存在着不足：第一，体育与健康领域的研究较为稀缺，研究人员相对匮乏，研究成果匮乏，缺少有代表性的研究成果；第二，对复杂性较为突出的残疾人公共体育服务问题，倡议类研究多，采用定量方法对其焦点问题展开研究的成果较少；第三，政策层面研究得多，实际操作层面的研究少，在需要提供具体量化、切实可行的方法方面较为薄弱。

第三节 研究思路与内容

一、研究思路

本书结合我国新时期残疾人公共体育服务发展理念，基于新公共服务理论、公共管理学理论和系统理论，运用文献资料、专家访谈、社会调查、系统分

---

① 张健,张建华.和谐与共荣：新时期西北地区残疾人体育健身服务保障体系的构建[J].南京体育学院学报(自然科学版),2012,(4):136-139.

② 何文胜,蔡永茂,张保华.中国残疾人体育供给主体选择与变迁的制度经济学分析[J].体育学刊,2012,19(5):22-27.

析、数理统计等研究方法,针对江苏省残疾人公共体育服务运行机制进行全面研究。首先,阐述残疾人公共体育服务的背景、目的、意义,述评国内外相关文献资料;其次,界定残疾人公共体育服务运行机制的相关概念,分析残疾人公共体育服务运行结构与特征等;再者,调研江苏省残疾人公共体育服务的现状,分析江苏省残疾人公共体育服务存在的问题,探论影响江苏省残疾人公共体育服务运行的因素;最后,从江苏省残疾人公共体育服务的需求、供给、保障与评价等4个方面,构建残疾人公共体育服务运行机制,其技术路线如图1-1所示。

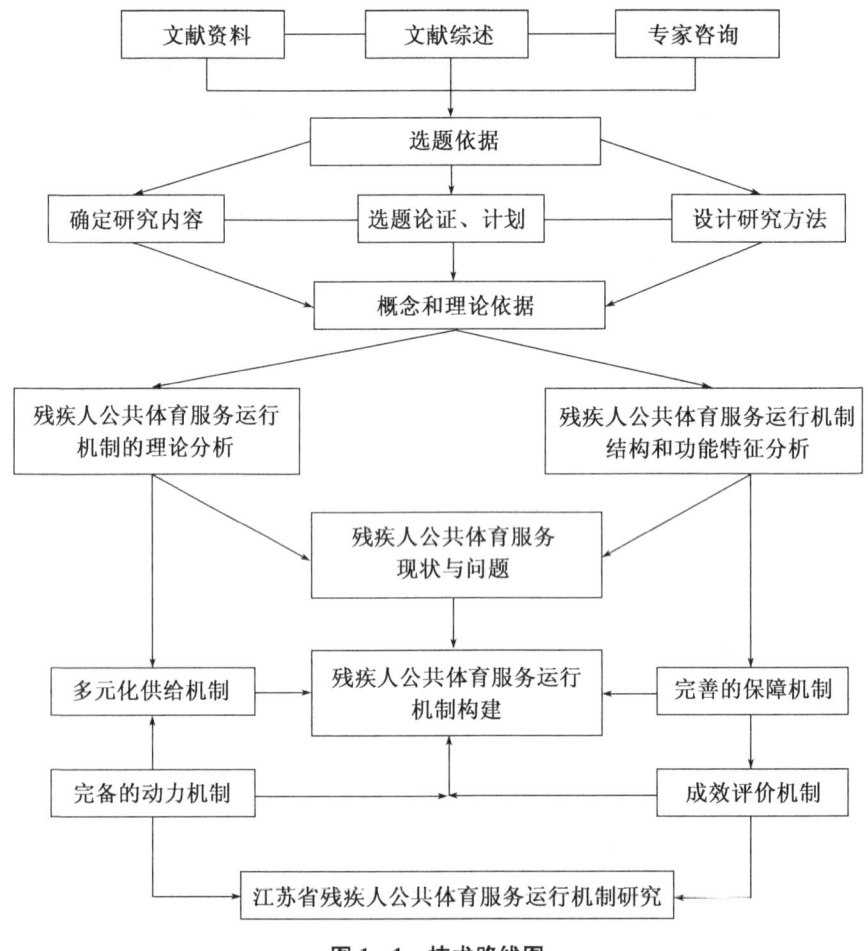

图1-1 技术路线图

二、研究内容

研究江苏省残疾人公共体育服务运行机制，本书立足两个维度：一是通过规范性的理论研究总结提炼残疾人公共体育服务运行的概念、特征、价值取向、构成要素，提出残疾人公共体育服务运行机制研究框架；二是通过实证研究，分析江苏省残疾人公共体育服务运行现状与问题，总结出残疾人公共体育服务需求、供给、保障和评价机制。着重阐述以下内容：

第一，基础理论研究。基于新公共服务理论、新公共管理理论、治理理论和系统论，阐述残疾人公共体育服务运行概念、特征、价值取向等，理论分析残疾人公共体育服务运行机制研究框架。

第二，国内发展与国外经验研究。通过对我国残疾人公共体育服务运行的研究，分析已取得的成效和存在的问题。在借鉴国外残疾人公共体育服务运行先进经验的基础上，挖掘与我国国情相适应的措施和方法。

第三，现状分析研究。调查江苏省残疾人公共体育服务需求、供给、保障和评价运行现状，分析江苏省残疾人公共体育服务存在的问题和影响的因素。

第四，运行机制构建研究。提出江苏省残疾人公共体育服务运行建设的总体思路与理念，构建江苏省残疾人公共体育服务的运行机制。

三、研究对象与方法

（一）研究对象

以江苏省残疾人公共体育服务运行为研究对象。

（二）研究方法

以社会学、体育学、管理学等学科理论与研究方法为基础，采用规范研究与实证研究、定性分析与定量分析相结合的方法，全面研究江苏省残疾人公共体育服务运行机制。

1. 文献资料法

通过查询SpringerLink、Kluwer、Web of Science和中国期刊网、人大复印资料数据库、中国优秀硕博论文数据库等，查询和检索关于"残疾人公共体育服务""残疾人公共体育服务运行机制"等方面的相关研究成果，如国内外残疾人公共体育服务的现状、影响因素、发展模式等，并对相关文献以及国家和体育行政部门颁发的重要政策、法规进行分析、比较和梳理，了解最新的理论和前沿动态，为本书研究提供理论支撑和政策依据。

2. 德尔菲法

为了研究基础框架的实用性，获得疑难问题的解决方法，分别多次向体育管理学、体育社会学、体育教育学、运动康复学等研究领域的专家学者以及残联、体育局等实践领域专家开展专家调查。借鉴相关领域专家的意见，确定研究框架和研究体系，选定评价指标，为保障研究的权威性和代表性，在遴选专家方面侧重选择工作十年以上，对问题具有一定认识和把握能力，且与本研究领域相关的专家。相关的专家信息如表1-3所列。

表1-3 专家信息表

专家类型	职称(人数)	学历(人数)	职务(人数)
体育社会学	教授(2)	博士(2)	博导(1),硕导(1)
体育教育与运动训练学	教授(3)	博士(2),硕士(1)	博导(2),硕导(1)
体育管理学	副教授(1)	博士(1)	硕导(1)
运动康复学/运动医学	教授(3)	博士(3)	博导(3)
残联行政管理人员	主任科员(2)	博士(1),硕士(1)	

为确保研究调查的质量，还对体育管理学、体育社会学、体育教育学、运动康复学等领域的专家进行访谈，访谈内容主要涉及对研究框架、内容以及体系构建等关键要素进行咨询。同时对具体实践领域的关键人员进行访谈，包括体育局、残联、社区的干部，特教学校体育教师和主管体育工作的校长，残疾人体育训练中心、康复站的干部。询问他们对残疾人公共体育服务的认识和看法，并征求进一步完善残疾人公共体育服务体系的意见，给研究提供良好的情景判断。此外，针对研究内容涉及的有关残疾人公共体育服务基本情况，对一些残疾人(学生)和残疾人家长进行访谈。访谈人员构成如表1-4所列。

表1-4 访谈人员构成表

类型	工作岗位/主要研究领域	职务/职称	人数
专家学者	体育管理学/体育社会学	教授	3
	体育教育学/运动训练学	教授	3
	运动康复学/运动医学	教授	3

(续表)

类型	工作岗位/主要研究领域	职务/职称	人数
管理人员	中国残疾人联合会	干部	1
	省、市残疾人联合会	副理事长/处长	10
	省、市体育局群体处	处长	5
	残疾人体育训练基地/康复中心/特教学校	主任/校长	10
	区(县)、社区残联专干	干部	14
残疾人	特教学校学生、社区残疾人		20
家长	社区残疾人家长、特教学校家长		16
合计			85

3. 问卷调查法

(1) 调查对象的选取

为了了解和掌握江苏省残疾人公共体育服务的基本情况以及残疾人对公共体育服务的需求和满意度，选取残疾人比较集中的特教学校、社区进行问卷调查，同时根据研究需要对体育局、残联干部、特教学校体育教师进行问卷调查。具体如图1-2～图1-4所示。

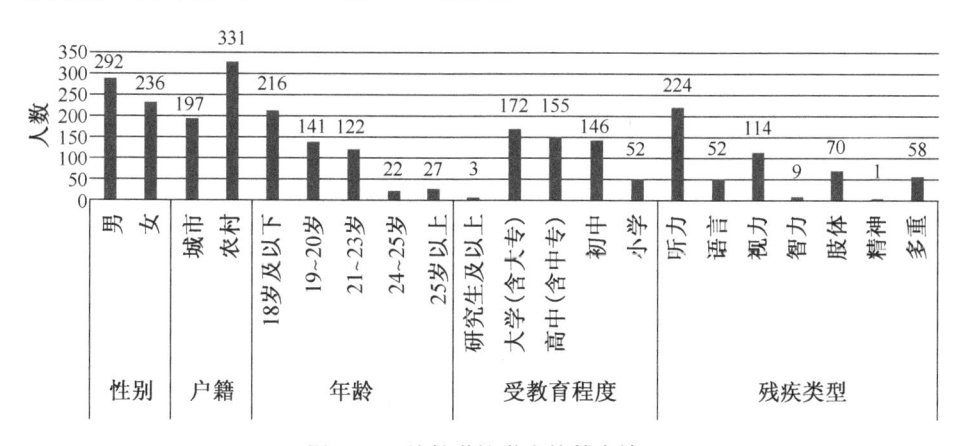

图1-2 特教学校学生的基本情况

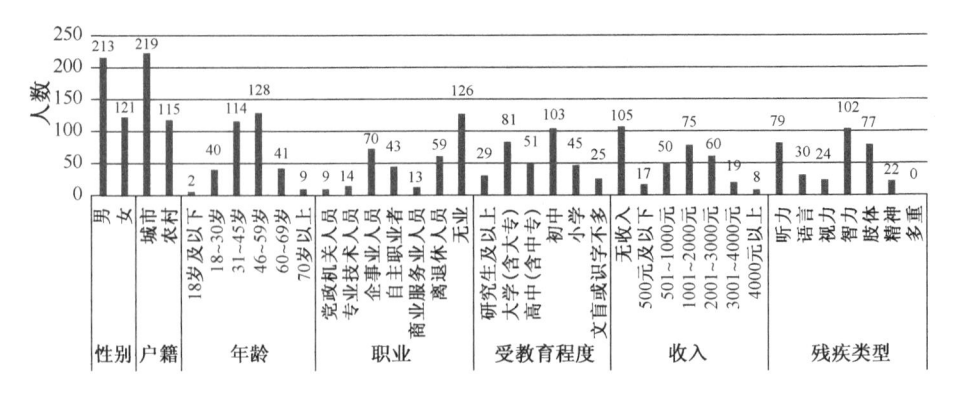

图 1-3 社区残疾人的基本情况

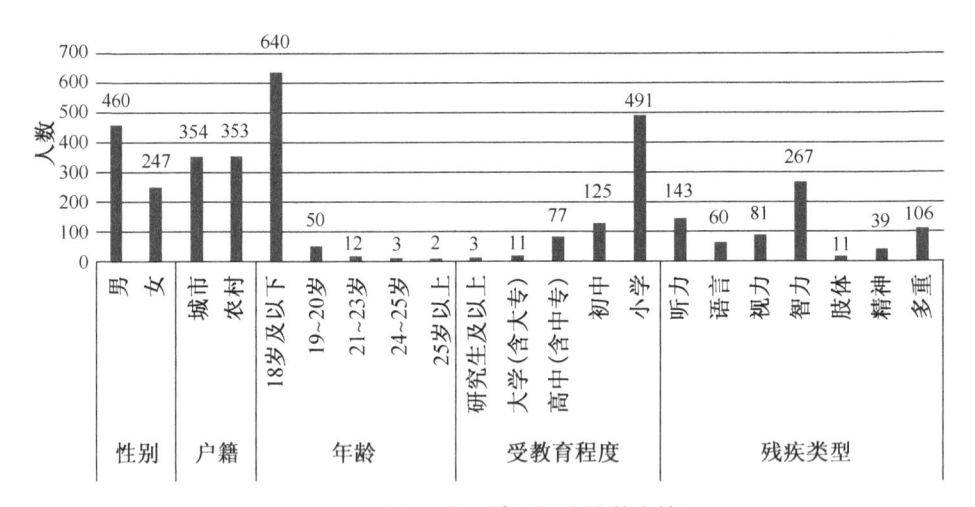

图 1-4 残疾人家长填写问卷的基本情况

(2) 问卷设计

根据《"十三五"推进基本公共服务均等化规划》《全民健身计划(2011—2015年)》《"十三五"公共体育设施建设规划》《全国残疾人基本服务状况和需求调查表》制订《江苏省残疾人公共体育服务现状与需求》调查问卷。问卷主要通过咨询专家评阅方式进行内容效度检验,效度较好,问卷信度采用小范围样本的重复两次测量获得,所得两次结果的一致性 $r>0.91$,说明被测特征真实程度信度较好,具有使用价值。

根据不同的调查对象,调查问卷分为:① 江苏省残疾人公共体育服务调查问卷(管理干部)、江苏省残疾人公共体育服务调查问卷(教师);② 江苏省残疾人公共体育服务现状与需求调查问卷(社区);③ 江苏省残疾人公共体育服务现状与需求调查问卷(学校)、江苏省残疾人公共体育服务现状与需求调查问卷(家长)问卷。其中,江苏省残疾人公共体育服务调查问卷对象为残联、体育局管理人员,江苏省残疾人公共体育服务调查问卷的对象为特教学校的体育教师,其他问卷的对象依次为社区残疾人、特教学校学生(文字阅读能力一般为5年级以上),针对智力障碍、自闭症和多重残疾的学生或社区残疾人则由家长填写问卷调查。

(3) 问卷发放与回收

调研的问卷分别选取苏南、苏北、苏中和省会城市南京为调研点,按照比例分层和整体抽样的方法,选取城市1~2个街道或社区,乡镇或农村1~2个社区以及江苏省所在的国家级和省级残疾人体育训练基地。随同苏州市残联,"残疾人事业发展状况监测"小组先后在苏州2个县级市、5个辖区的10个社区、6个村镇,以及常州、盐城、扬州等地(调查区域分布如表1-5所列),通过问卷、座谈、入户、访谈等多种形式,对2 000多位城市、农村残疾人以及社区康复站、残联体育活动中心的工作人员、特教学校体育教师、学生,社区残疾人、特教学校学生家长展开调查。共发放问卷1 760份,回收问卷1 752份,回收率99.5%,其中有效问卷1 719份,有效回收率98.1%,问卷统计如图1-5所示。

表1-5 江苏省调查区域分布表　　　(单位:个)

区域	县级市	辖区	街道/社区	村镇/社区	特校/中心	基地
南京		2	2	1	5	3
苏州	2	5	10	6	5	1
常州		2	2	1	2	1
扬州		2	2	2	2	1
盐城		2	2	1	3	
泰州		1	1	1	1	1
南通			1	1	1	1
合计	2	13	20	13	19	8

图 1-5 回收有效问卷统计

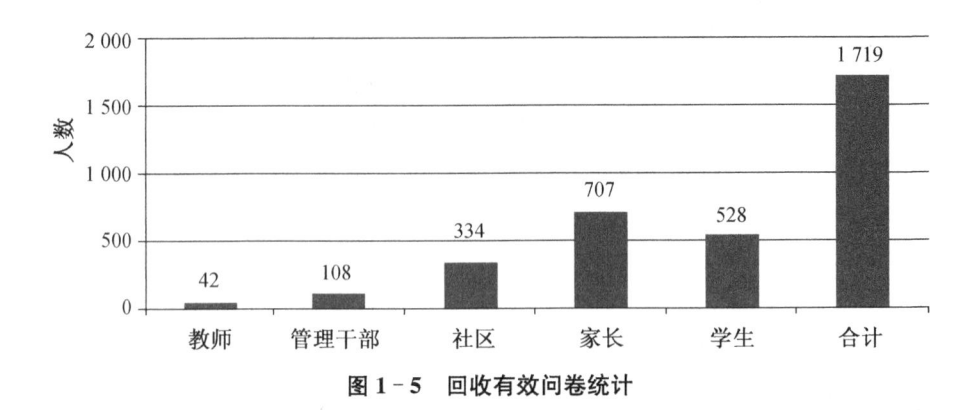

对街道、社区中不能出行的重、中度残疾人进行入户调查,并对每一个调查的街道、社区、残疾人活动中心、特教学校的公共体育服务设施、康复站进行实地考察。

5. 系统分析法

运用归纳、推理、分析、演绎等逻辑分析方法对文献资料和调查问卷等资料进行比较、综合以及数据整理和分析,找出影响江苏省残疾人公共体育服务原因和成因,并进行分析,提出构建残疾人公共体育服务体系的基本框架和实施策略。

6. 数理统计法

在广泛收集残疾人公共体育服务现状数据的基础上,运用数据统计分析,通过 SPSS22.0 等统计软件对收集数据资料进行归类整理、加工,分析它们之间的关系,从而认识和掌握残疾人参与公共体育活动的现状。

第二章 残疾人公共体育服务运行机制的理论基础

作为转变政府职能的核心内容与目标，完善公共服务研究是近十年来政府深化改革实践和学术界密切关注的内容。研究残疾人公共体育服务，准确把握研究对象的概念、内涵以及本质属性是问题研究的逻辑起点。本章在诠释"残疾人公共体育服务"概念、探讨残疾人公共体育服务运行机制理论溯源的基础上，着力构建残疾人公共体育服务研究运行机制框架，为整个研究提供理论基础支撑。

第一节 残疾人公共体育服务运行机制的概念、特征与价值取向

一、相关概念的界定

概念研究是学术研究的前提和基础，概念引导我们探索，任何概念都要表达特定的关系[1]，要明晰残疾人公共体育服务运行机制的概念，必须明确其上位概念公共服务的准确表达。从"公共服务"首次出现在国务院工作报告中，公共服务就受到社会各界的重视，由于研究者的视角不同，对"公共服务""公共服务体系"理解也不尽相同，因此，清晰、准确的概念对进一步研究有着重要的作用，尤其是研究残疾人公共体育服务体系，更需厘清其概念以及所具有的特征，这也是进行学术研究的首要任务。无论从理论还是实践的角度，对残疾人公共服务、残疾人公共服务运行机制概念溯本追源都是十分必要的。

---

[1] 陈振明.公共服务导论[M].北京:北京大学出版社,2010:9-26.

(一) 公共服务与残疾人公共服务

1. 公共服务

最早提出"公共服务"的是法国公法学者狄骥,他认为"公共服务"是由政府来加以规范和控制的活动就是一项公共服务,公共服务具有通过政府干预便得到保障的特征。[①] 狄骥主要从公法的角度,从偏重法治的作用对"公共服务"概念做了界定,并认为政府是唯一提供服务的主体。此后,随着西方经济学的发展,以萨缪尔森观点为代表的公共物品理论成为研究公共服务供给方式的基础,"公共服务"也随着"公共物品"概念的演变不断充实和完善。学者们更多的是将"公共服务"与"公共物品"看成一个问题的两个方面,公共服务需要借助一定的物质载体,可以看成公共供给的最终结果。后来美国学者布坎南和奥斯特罗姆从提供公共物品的规定性角度来界定公共服务。然而,学界并没有给出一个准确的"公共服务"概念,因为从不同的视角出发,学者提出了不同的理解,归纳起来大致有以下几种理解:物品解释法、利益解释法、主体解释法、价值解释法、内容解释法、职能解释法。国内学者周爱光[②]、马庆钰[③]、李军鹏[④]在总结了西方学者对公共服务定义后,从公共服务的本质属性、公共利益、政府主导作用等方面进行阐释,认为公共服务是以实现公共利益为目的,以政府为主导,为满足公民需要而提供的各种不同性质的公共产品和服务。

2. 残疾人公共服务

关于残疾人公共服务的概念,国内学者沿用了公共服务的概念,只是将公众对象界定为残疾人。孙健和邓彩霞认为残疾人公共服务是为满足残疾人生存和发展以及自我实现而提供的社会服务和公共产品。[⑤] 谈志林则是从价值解释法的角度,以新公共服务理论为基础,认为残疾人公共服务应该是为残疾人提供基本的社会生活保障服务、医疗康复服务、基本教育、就业和

---

① 莱昂·狄骥.公法的变迁:法律与国家[M].郑戈,冷静,译.沈阳:辽海出版社;春风文艺出版社,1999:53-446.
② 周爱光.从体育公共服务的概念审视政府的地位和作用[J].体育科学,2012,(5):64-70.
③ 马庆钰.公共服务的几个基本理论问题[J].中央党校学报,2005,(1):58-64.
④ 李军鹏.公共管理学[M].北京:首都经济贸易大学出版社,2003:5.
⑤ 孙健,邓彩霞.我国残疾人公共服务体系:问题与完善[J].国家行政学院学报,2011,(1):99-103.

文化服务,涵盖生存权、融入权和发展权三个方面。[①]

(二) 运行与运行机制

"机制"一词最早的释义为"机器的构造和工作原理",随着在社会科学领域的广泛使用,泛指事物之间的相互联系和相互作用。而这种"相互关系""相互作用"在运行过程形成的稳定的、规律性的模式被称为运行机制。[②]《辞海》对"运行"的解释为周而复始地运转,对"机制"的解释为原指机器的构造和工作原理。1985 年著名社会学家郑杭生正式将"机制"引入社会学,现已广泛应用于自然现象和社会现象。事物的机制是指一个系统内部组织和运行变化的规律。[③]《现代汉语词典》解释为:泛指事物之间的"有机联系"和"相互作用"。也就是说,事物之间较为稳定的相互作用和相互联系在运行过程中周而复始地出现,并形成一定的规律称之为运行机制。因此,运行机制是指一种稳定的、有规律的运作模式[④],是一个工作系统的组织和部分之间相互作用的过程和方式,是事物各种因素的结构、功能相互联系、相互作用的过程和运行方式。运行机制由许多要素按一定方式有规律构成,各要素之间相互作用与相互联系,推动其机体有效运行。[⑤] 要保证事物各项目标和任务真正实现,必须建立一套协调、灵活、高效的运行机制。[⑥]

(三) 公共体育服务与残疾人公共体育服务

1. 公共体育服务

关于公共体育服务概念和内涵的辨析一度成为公共体育服务研究的焦点,不仅是因为概念性的问题具有关键的研究指导作用,更重要的是,包括学术界在内的社会各界一度就公共体育服务的概念和内涵未形成统一定论,主要围绕"体育公共服务"与"公共体育服务"的概念展开学术探讨。周爱光[⑦]、

---

① 谈志林. 新公共服务理论与我国残疾人公共服务体系的构建[J]. 广州残疾人研究,2010,(6):23-25.
② 罗旭. 我国全民健身服务体系的理论构建与运行机制研究[D]. 北京:北京体育大学,2006:87-125.
③ 辞海[EB/OL]. http://ciyu.cihai123.com/c/524.html.
④ 罗旭. 我国全民健身服务体系的理论构建与运行机制研究[M]. 北京:北京体育大学出版社,2011:87-125.
⑤ 孙海洋. 全民健身视域下残疾人体育健身服务运行机制的研究[D]. 牡丹江:牡丹江师范学院,2017.
⑥ 问答. 百科. 运行机制[EB/OL]. https://wenda.so.com/q/1371029950068844.
⑦ 周爱光. 从体育公共服务的概念审视政府的地位和作用[J]. 体育科学,2012,(5):64-70.

樊炳有和高军[①]、范冬云[②]、刘亮[③]等通过对体育公共服务概念形成的历史背景、上位概念的辨析以及对公共服务理论的归纳分析,界定了体育公共服务概念的本质内涵。任海在梳理我国公共服务体系研究进展后认为,自2008年奥运之后,我国相继出台的文件开始使用"公共体育服务",2011年公布的《体育事业发展"十二五"规划》也使用"公共体育服务",随后我国体育行政管理部门出台的一些文件也均使用"公共体育服务"[④]。陈斌等在总结我国公共体育服务十年研究中认为,国内学者从不同的视角和领域对公共体育服务概念展开讨论、分析和界定。[⑤] 肖林鹏通过对公共服务概念的诠释,演绎分析了公共体育服务的概念以及相关理论。[⑥] 郇昌店等从需求的角度出发,提出公共体育服务是为满足公共体育需求而提供的产品和行为的总称。[⑦] 戴永冠等从政府职能转变的视角,提出公共体育服务是满足公共体育需求所承担的服务职能。[⑧⑨] 汤际澜认为公共体育服务是政府为满足社会成员的基本公共体育需要所提供的公共产品和服务的总称。[⑩] 陈斌等从术语学视角认为公共体育服务是满足公民体育需求而生产的公共服务。[⑪]

2. 残疾人公共体育服务

对于残疾人公共体育服务的概念同样也存在相类似问题,对残疾人的公共体育服务有两种称谓:一是残疾人体育公共服务,二是残疾人公共体育服务。对于哪种称谓更加适合,学者们还没有给出一个清晰的界定。朱元利认为残疾人公共体育服务是由政府和非政府组织为残疾人提供基本非营利性的、以满足残疾人体育需求的服务。[⑫] 肖丽琴认为残疾人体育公共服务是以

---

① 樊炳有,高军.体育公共服务:内涵、目标及运行机制[M].北京:人民体育出版社,2010:32.
② 范冬云.我国体育公共服务研究中几个问题的探讨[J].成都体育学院学报,2010,36(2):6-12.
③ 刘亮.我国体育公共服务的概念溯源与再认识[J].体育学刊,2011,18(3):14-19.
④ 任海.中国群众体育发展报告[M].北京:社会科学文献出版社,2014:66-78.
⑤ 陈斌,韩会君.公共体育服务研究进展与述评[J].广州体育学院学报,2014,34(2):18-21.
⑥ 肖林鹏.公共体育服务概念及其理论分析[J].天津体育学院学报,2007,(2):97-101.
⑦ 郇昌店,张琮.我国公共体育服务概念的辨析[J].西安体育学院学报,2011,(2):305-308.
⑧ 戴永冠,林伟红.论公共体育服务的概念及内涵[J].军事体育进修学院学报,2012,31(4):13-15.
⑨ 戴永冠,林伟红.公共体育服务概念、结构及人本思想[J].武汉体育学院学报,2012,46(10):5-10.
⑩ 汤际澜.我国基本公共体育服务均等化研究[D].苏州:苏州大学,2011:3.
⑪ 陈斌,韩会君.公共体育服务概念的科学认识:基于术语学的视阈[J].广州体育学院学报,2015,35(2):7-11.
⑫ 朱元利.构建残疾人公共体育服务体系研究结题总报告[EB/OL].http://www.doc88.com/p-3798095265989.html.2013-09-15.

满足残疾人的基本体育需要为目的,由公共部门或准公共部门共同提供的一种公共产品和服务行为。[①]

(四) 公共体育服务运行机制与残疾人公共体育服务运行机制

1. 公共体育服务运行机制

樊炳有认为,体育公共服务的运行机制是指在影响体育公共服务各因素的结构、功能及其相互关系,以及这些因素产生影响、发挥功能的作用过程和作用原理及其运行方式,是引导和制约决策并与人、财、物相关的体育公共服务的基本准则及相应制度,是决定体育公共服务行为的内外因素及相互关系的总称。[②] 罗旭则从全民健身服务体系的角度认为,运行机制是指在全民健身管理权限的基础上,为保证全民健身服务高效和有序运转,通过制度安排、社会和市场介入的全民健身服务体系各要素之间相互关系和相互作用的模式及其运作方式。[③] 田宝山等从社区体育的角度认为,公共体育服务运行机制是指社区公共体育服务有规律运作过程中影响运作的各构成要素的结构、功能及其相互联系,以及各要素所发挥功能的过程和原理,即是社区公共体育服务运行"带规律性的模式"。[④] 齐立斌从农村公共体育服务体系的角度认为,运行机制是"赋有规律性并具有特定性的运行体系和运行模式"。[⑤] 公共体育服务运行机制是公共体育服务运行自我调节的方式,是公共体育服务过程中的主体机制。

2. 残疾人公共体育服务运行机制

孙海洋把残疾人体育健身服务运行机制作为一个系统,通过系统各要素之间的相互影响、相互作用的辩证统一关系,从基本构成要素出发,对残疾人体育健身服务运行机制进行剖析,认为残疾人体育健身服务的运行就是实现服务系统的各种制度、资源、结构和人员等良性运行,形成完整的服务链,建

---

① 肖丽琴.我国残疾人体育基本公共服务研究[J].成都体育学院学报 2012,(2):10-13.
② 樊炳有.体育公共服务:内涵、目标及运行机制[M].北京:人民体育出版社,2010:123-140.
③ 罗旭.我国全民健身服务体系的理论构建与运行机制研究[M].北京:北京体育大学出版社,2011:123-125.
④ 田宝山,田燏甲,郭修金.社会治理背景下社区公共体育服务运行机制研究:以上海为例[J].南京体育学院学报(社会科学版),2015,29(6):23-28,63.
⑤ 齐立斌.农村公共体育服务体系的运行机制研究[J].南京体育学院学报(社会科学版),2010,24(4):44-48.

立一套协调、灵活、高效的运行机制。[①] 翟帅帅等在"善治"理论的视角下,分析将"善治"理论引入残疾人体育公共服务均等化的作用和价值并针对问题提出了残疾人体育公共服务均等化的"善治"模式。[②]

鉴于以上的分析,本书采用国家正式发文使用的"公共体育服务"和"公共体育服务运行机制",针对残疾人群体则采用"残疾人公共体育服务"和"残疾人公共体育服务运行机制"。从上述分析中可以知道,残疾人公共体育服务研究的核心问题是残疾人公共体育服务的类型和结构,即解决"是什么"的问题。残疾人公共体育服务运行机制则是研究高效的运行方式、内容、方法,也就是通过总结不同残疾人公共体育服务运行状况,如何实现服务系统的各种制度、资源、结构和人员的良性运行,形成完整的服务链,建立一套协调、灵活、高效的运行机制。因此,将残疾人公共体育服务运行机制定义为:为残疾人提供基本而有保障的公共体育服务系统,在运行过程中各要素内部以及各要素之间本质、内在的相互联系、相互作用及其制约的工作方式、内容和方法。科学、规范的运行机制是实现残疾人公共体育服务高效、有序运转的前提条件。规范的运行机制不仅是残疾人公共体育服务内在动力和活力,而且可以使运行内部各结构要素的功能得到实现和优化。

二、残疾人公共体育服务运行机制的基本特征

(一) 公共性

构建残疾人公共体育服务运行机制的目的是要保障残疾人平等的体育参与权,提高残疾人的健康水平,为残疾人健身康复提供稳定的制度性保障。国家通过公共权力,利用公共资源为残疾人提供的公共服务以公共利益为最终出发点和归宿,也就是说提供公共服务的政府及公共部门可以通过灵活多样的机制和方式为残疾人提供基本的、无差别的、具有公益性的服务内容,从而满足残疾人特殊的、多样化、类别化的体育需求。从提供公共服务的主体到接受服务的客体,以及提供服务的内容、形式、供给都是以残疾人公共利益的最大化为基本目标,以残疾人的满意度为评判准则。因此,残疾人公共体育服务运行机制强调的是公平正义的价值理性,让残疾人享有平等参与体育

---

① 孙海洋.全民健身视域下残疾人体育健身服务运行机制的研究[D].牡丹江:牡丹江师范学院,2017.
② 翟帅帅,于军.善治视域下残疾人体育公共服务均等化模式探究[J].内江科技,2013,34(4):174-175.

的权益。

(二) 均等性

实现残疾人公共体育服务的均等化是残疾人公共体育服务运行的重要目标,让残疾人均等地享受公共体育服务是公共服务均等化的重要内容,为残疾人提供均等的公共服务是服务型政府的职责要求。人人享有具有自由选择权的公共体育服务,在政府提供的公共服务项目面前,每个人权利平等、机会均等、能力平等、结果大体相等,并且不能以任何的形式排斥和歧视。因此,残疾人公共体育服务运行机制的构建不仅要求通过合理地配置社会资源与社会机会实现不同区域之间、城乡之间、残疾人个体之间公共体育服务的均等化,同时还要充分发挥政府主导作用打破行政壁垒,跨部门、跨行业协同创新,积极调动社会组织、协会、企业和个体的多元合作,促进体育资源的合理配置。

(三) 福利性

由于公共服务是要满足全社会每一个公民最基本的生活和生存需求,是为公民提供最基本的社会保障,因此公共服务具有显著的公益性和社会福利性。残疾人的特殊性决定了为其提供的公共服务具有一定的福利性。一方面,公共服务机构应当为残疾人提供照顾和优待,既要考虑到为残疾人提供满足最低标准的公共服务,又要给予一定优惠、普惠和特惠政策,提供社会服务和保障措施,增大社会福利的厚度;另一方面,公共体育服务的过程本身就是提高残疾人自我身心健康快乐的过程,让残疾人享受政府提供健康身心生活,提高机体功能、祛病康体的过程。公共体育服务是社会福利体系的一个组成部分,也是公民社会权利的重要内容。因此,在社会福利多元化的发展中,政府要转变角色,既要充当为残疾人提供社会福利的引导者和购买者,又要积极培育非营利组织、家庭与社区的多元主体供给,不断提高和改善残疾人公共体育服务质量。

(四) 系统性

残疾人公共服务运行机制不仅是指公共体育服务项目组成的内容,而且包含了贯穿公共体育服务需求、供给、保障、反馈等子系统之间相互联系、相互作用以完成公共服务功能的综合体。在系统内部各子系统与组织要素之间为不断满足残疾人的体育需求,按照国家政策规划分阶段分层次有序推进、有机衔接、互为支撑,构成一个彼此相关联的有机整体,从而提高残疾人公共服务运行效率。

三、残疾人公共体育服务运行机制的价值取向

(一) 以人为本

以人为本、满足残疾人的需求不仅是公共服务的出发点和归属点,而且充分体现了对人的作用和价值的重视和肯定。体育是人类的一种活动,人才是体育的精髓,只有充分尊重人才,不断满足人民群众不同的体育诉求,公共体育服务才能取得成效。残疾人公共体育是残疾人实现自我价值、融入社会最有效的途径之一。建立和完善残疾人公共体育服务运行机制,一方面要充分调动残疾人自身的主动性、积极性,挖掘残疾人自身的潜能和价值,提升参与社会的能力;另一方面要尊重和维护残疾人的体育权益,为残疾人共享公共体育服务提供保障,让每一个残疾人能平等地享用公众提供的体育服务和体育设施。因此,残疾人公共体育服务的制度安排与供给应从残疾人自身的体育需求出发,围绕残疾人的基本生存权和社会发展权,根据残疾人的个体性和差异性设计提供多样化、人性化的公共体育服务,以满足残疾人群体日益多元化和个性化的公共体育服务需求。

(二) 公平正义

维护社会公平正义是社会发展的基本价值目标,是社会和谐发展的基础与保证,也是公共体育服务体系的核心内容。公正的本质在于平等,所有公民,包括残疾人都应平等享受公民的基本权利,保障残疾人人权,让每一个残疾人都能体面地生活,促进残疾人平等、参与、共享是党和政府以及各级各类残联组织共同的目标。公平正义是人类社会美好的追求,消除社会对残疾人的歧视,改善残疾人生存状况也是当下全面建成小康社会、完善公共服务运行机制的首要攻坚任务。因此,要通过健全残疾人公共体育服务体运行机制,创新公共体育服务供给制度,着力提高残疾人公共体育服务水平,努力营造公平正义的制度环境,运用合理的制度和组织手段,促进公平正义与社会的和谐统一,从而实现残疾人公共体育服务的均等化。

(三) 公民参与

公共服务的过程实质上就是在政府主导和引导下全体公民参与的过程。作为公民的残疾人同样被赋予积极的治理主体资格,因而有资格、有义务参加公共事务,更广泛地参与社会活动,融入公共生活。残疾人有效参与公共

体育服务是建立健全残疾人公共体育服务运行的基本路径,只有让残疾人深入参与到公共体育服务过程中,才能提高残疾人对公共体育服务的满意度。因此,要完善配套制度政策,加大政府主导、社会组织参与的多元合作,依法扩大残疾人参与公共治理和服务过程,推进残疾人公共体育自治主体、职能、方法和结构的多元化,以保证公共服务决策的民主性和实施的有效性,并不断提高残疾人对公共体育服务的满意度,不断满足服务需求。

(四)社会化

面对数量众多、构成极其复杂、需求呈现多样化的非常特殊的残疾人群体,残疾人公共体育服务体系具有很强的社会性。一方面是负责残疾人体育工作的残联其亦官亦民的性质有利于社会化工作方式的运用,同时残联三大职能即"代表、服务与管理"实质就是为残疾人赋权、为残疾人提供社会化服务。另一方面社会化是残疾人实现"平等、参与、共享"的客观需要,要满足残疾人特殊性、多层次的体育需求,就是要动员全社会力量和资源,积极为残疾人提供多元化、个性化、专业化的服务。因此,要健全残疾人公共体育服务运行机制,首先是立足残疾人日益增长的体育服务需求,通过社会化运作方式,动员社会力量和民间资本投入公共体育服务体系建设,其次是不断创新残疾人公共体育服务工作机制和体制,加强工作统筹和资源整合,形成资源高效配置的服务运行机制,提高服务水平和质量。同时大力培育社会体育组织,促进残疾人体育社会组织规范化、规模化发展,构建科学、合理、符合残疾人特点的公共体育服务运行机制。

第二节 残疾人公共体育服务运行机制的理论基础

任何实践都离不开理论的指导,残疾人公共体育服务的研究也是建立在一定的理论和实践基础之上,同时残疾人公共体育服务的实践和发展更需要借鉴西方先进理论和成功经验。20世纪七八十年代的新公共管理理论、新公共服务理论、治理理论等为世界各国应对新的社会发展和环境变化的政府改革运动提供了坚实的理论基础和价值支撑,也为我国残疾人公共体育服务运行机制的完善和发展提供理论依据。

一、新公共管理理论

新公共管理理论是伴随着西方国家政府的改革实践,在传统的公共行政理论反思和批判的基础上逐渐发展起来的。该理论源于20世纪70年代,西方国家几乎席卷了全球的政府管理改革浪潮,这次改革涉及政府的行政体制和管理方式,几乎所有方面都被重新审视,甚至许多国家的政府组织结构进行了根本性调整。随着西方各国政府改革的不断深入,新公共管理理论不仅适应新政改革的需要,而且逐步成为公共行政理论和实践中的指导理论。英国著名公共管理学家胡德将新公共管理的内涵和特征归纳为7个方面:专业化管理、绩效测量与标准、产出控制、部门的拆分与重组、引入竞争机制、私营部门管理方法和风格的吸收与运用、资源的有效利用和开发。[①] 根据西方公共管理理论研究,新公共管理理论涵盖以下主要观点:① 政府职能的调整与优化;② 在公共管理中引入竞争机制;③ 以顾客为导向,满足顾客需求;④ 借鉴企业的管理方式。新公共管理理论核心在于引入竞争机制、采取绩效管理,降低成本,提高服务水平和政府工作效率。新公共管理理论为各国政府管理理论和实践提供了思想指导,并对西方国家空前规模的政府改革起到一定的推动作用,同时在一定程度上丰富了公共行政理论,尤其是政府管理的基础理论,为政府的改革提供了新的范式,这无疑对当前我国深化改革、转变政府职能、建设服务型政府有着重要的理论支撑作用。在传统的公共行政管理下,政府和残联承担着大部分残疾人公共体育服务事务管理的责任,并成为残疾人公共体育服务供给的主体。而随着政府职能转变,政企分开,引入竞争机制,降低成本,提高政府工作效率,服务市场化发展,政府唯一供给方式逐步被打破,多元化供给方式应运而生,强调采取市场化工具,合理配置资源,实现资源供给的最大化,这也为残疾人公共体育服务供给机制多元化构建提供了理论依据。可见,以现代经济学和管理理论与方法为基础的新公共管理理论不仅打破了传统的政府中心论,还将成本与公共利益引入政府管理中,从而提高公共管理水平和服务质量。

二、新公共服务理论

新公共服务理论是以美国著名公共管理学家罗伯特·登哈特夫妇为代表的一批公共管理学者在对新公共管理理论批判和反思的基础上提出和建立的,尤其是在批判新公共管理理论精髓的企业家政府理论缺陷后,提出一

---

① 潘信林.对话与澄清:服务型政府建设理论基础再探[J].重庆工商大学学报(社科版),2014,31(2):52-61.

种更加关注民主价值、公民权和公共利益的新的公共管理理论。登哈特夫妇认为,新公共服务是指公共行政在以公民为中心的治理系统中所扮演的角色的一套理念,其实质就是以公共利益为前提,通过民主治理,使公民参与到公共行政中的公共管理活动。新公共服务理论认为政府或公共管理者的职责是在其管理公共组织和执行公共政策时为公民提供服务,并向公民放权,实现其公共利益。强调政府或公共部门的工作重点应该是服务,而不应该是为政府掌舵,即服务而非掌舵。新公共服务理论将公民放在治理中心,充分肯定和重视公民的价值和尊严,体现民主、公民权和公共利益的价值观。[①]

新公共服务理论的主要观点如图 2-1 所示。在反思和批判新管理理论的基础上加工、凝练出的新公共服务理论更加关注民主价值和公共利益,也适合于我国深化政府改革实践的需要,因此,围绕着进一步完善公共服务运行机制,新公共服务理论无疑是重要的理论来源和支撑。残疾人公共体育服务的突出特性就是以残疾人类别化、多样化服务为中心,而新公共服务理论是将公民置于整个治理体系中心,强调公共服务精神,重视公民的权利,这与构建残疾人公共体育服务运行机制主旨不谋而合。残疾人是弱势群体,需要社会更多的关注才能有尊严地生活,尊重残疾人生存权是贯穿整个残疾人公共体育服务体系的主线。所以新公共服务理论提出的关注民主价值、公民权和公共利益价值理念,关注公共服务的公平和公正为当下健康中国、全面建成小康社会全覆盖提供了理论选择,也为残疾人体育参与提供了依据。

新公共服务理论
- 是服务,而不是掌舵
- 公共利益是目标而非副产品
- 战略的思考,民主的行动
- 为公民服务,而不是为顾客服务
- 责任并不简单
- 重视人,而不只是重视生产率

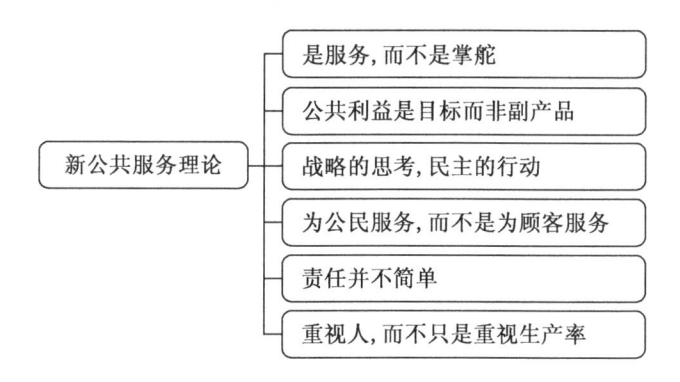

图 2-1 新公共服务理论主要观点

[①] 珍妮特·V.登哈特,罗伯特·B.登哈特.新公共服务:服务,而不是掌舵[M].丁煌,译.北京:中国人民大学出版社,2004:1-128.

三、治理理论

"治理"(governance)源于拉丁文的 gubenare,有掌舵的、控制、导航的意思。1989 年世界银行在非洲国家经济社会发展情况的报告中第一次使用了"治理危机",此后经过不断丰富逐渐发展成为理论,并被广泛使用在一些国家的政治、行政和政府管理的改革中。① 自 20 世纪 90 年代以来,随着西方不同学科的理论家对治理理论的阐释、使用和发展,以及国际组织和西方国家政府在经济、政治以及意识形态变化所作出的理论和实践上的回应,治理理论成为西方学术界指导政府改革实践的新理念和新理论,并对世界各国的政府改革产生重要的影响。随着全球的发展,越来越多的国家逐步倾向于"治理"模式,开启了以公民为中心的治理结构。格里·斯托克总结了治理理论研究的 5 个主要观点,分别是:① 治理的主体是多元化的,由政府组织和其他社会组织、机构构成;② 公共部门、社会组织、私营部门之间的边界更加模糊;③ 公共部门、社会组织、私营部门之间是相互依赖的关系;④ 公共管理的参与者终将在其领域形成自主网络;⑤ 政府有责任一方面运用行政、法律等手段管理,另一方面运用如市场竞争、绩效评估机制等其他的管理方法和技术,更好地对公共事务进行控制和引导。② 显然,治理理论的兴起,一方面在于其适应全球化、市场化和民主化发展趋势的要求,尤其是随着"善治"和"多中心治理"理念的提出,为各国国家公共事务、社会公共事务,甚至政府部门内部事务的管理提供了理论支持;另一方面在于治理主体的多元化、过程公开化、程序民主化、形式合作化,结果共赢化的特征,为公共服务供给机制拓宽理论视野,为公共服务供给主体多元化提供了理论解释。治理理论更多的是主张合作、民主、多元,残疾人公共体育服务由于其需求主体的特殊性决定需采用分类、分层、分段的多样性制度安排,充分调动政府、市场和社会组织协调与合作。

四、系统理论

"系统"一词来源于古希腊语,意思是由部分构成整体,由美籍奥地利科学家贝塔朗菲(L. Von. Bertalanffy)创立,并于 1973 年提出一般系统论原

---

① 车峰. 我国公共服务领域政府与 NGO 合作机制研究[M]. 北京:中央民族大学出版社,2013:39 - 59.

② 郑晓燕. 中国公共服务供给主体多元化发展研究[M]. 上海:上海人民出版社,2012:1 - 45.

理,从而为这门学科奠定了理论基础。① 贝塔朗菲认为系统论是若干相互联系的要素之间相互作用而形成的有机整体。随着系统理论的不断完善和丰富,系统论认为所有系统共同的基本特征大致有整体性、关联性、等级结构性、动态平衡性和时序性,这些特征表明了这门学科不仅是反映客观规律的科学理论,又是科学方法论的特点。② 我国著名科学家钱学森等对系统科学进行了卓有成效的研究,提出系统论是系统科学与马克思主义联系的桥梁。同时,国内还有一批从事系统论研究的学者,如魏宏森、王伟、曾国屏等在研究系统论基本原理和基本规律时提出系统论的八大原理和五条基本规律。在有机整体里各个要素存在各种差异,表现出整体的性质和功能,在不断与外界环境进行物质、能量和信息交换的过程中,系统不受外界的干扰,通过自我稳定来完成质变和突变的演化过程,从而实现系统有低级向高级,从无序向有序发展。残疾人公共体育服务运行机制构建过程就是各系统内部各要素之间相互作用、相互联系的过程,通过系统内部各要素之间相互协调、系统不断地完善,从而实现整个残疾人公共体育服务的运行。

基于以上理论,在研究构建残疾人公共服务运行机制,一方面需要以国家构建服务型社会这个大系统的宏观背景为视角,理解残疾人公共服务运行的结构、功能和作用;另一方面还要基于体育系统自身内部各要素之间的相互联系、相互作用和相互协调,使各要素之间发挥更大的效果,促进整体的发展和创新。由于残疾人公共体育服务运行机制的建设包含若干子系统的构成,通过运行机制的构建实现对残疾人公共体育服务的指导和提供,因此,残疾人公共体育服务运行机制建设中的内部各子体系的构成会影响到整个的运行和效率。由于公共体育产品的资金来源和供给渠道会影响到体育设施和服务的配置,而体育社会组织的定位又会影响到供给方式等,因而残疾人公共体育服务运行的功能和特征受到各子系统和因素的影响,具有各子系统的特征和功能。

---

① 谢正阳.全面建设小康社会目标中的苏南地区全民健身体系研究[D].苏州:苏州大学,2010:1-11.
② 魏宏森.钱学森构建系统论的基本设想[J].系统科学学报,2013,21(1):1-8.

第三节 残疾人公共体育服务运行机制的分析框架

2012年国家印发了《国家基本公共服务体系"十二五"规划》,其中对公共文化体育、残疾人基本公共服务中的残疾人体育健身服务提出明确的任务、标准和保障。党的十八大报告提出,"加快形成政府主导、覆盖城乡、可持续的基本公共服务体系"。党的十九大报告指出,"完善公共服务体系,保障群众基本生活,不断满足人民日益增长的美好生活需要"。围绕着"公共体育服务""残疾人公共体育服务",学者们展开了一系列的研究。

一、公共体育服务运行机制内容框架

近年来,国内学者根据各自的研究视角对公共体育服务运行机制的要素、结构进行探讨,提出了不同的运行机制(表2-1),运行系统基本涵盖了公共体育服务内部的各结构要素及其功能、政策法规、经费、服务保障、绩效评价,有的是从需求的角度,有的是从政策角度,有的是从公共利益视角,对运行系统的构成进行探讨。

表2-1 公共体育服务运行机制内容框架

学者	运行机制
樊炳有	理论系统、实践系统、支撑点、动力关系、保障系统
罗旭	运作环境、运作主体、运作目的、运作动力、运作程序、运作手段
齐立斌	决策机制、动力机制、创新机制、保障机制、监督机制、协调机制
戴志鹏	动力机制、激励机制、保障机制、控制机制
刘金丹	政府服务机制、保障机制、协调机制、组织活动机制、评估激励机制
周雨龙	效率机制、公平机制

樊炳有认为体育公共服务运行有特定的机制原理,由系统内在的结构和功能、运行的支撑点、动力关系和运行的保障系统构成运行系统。体育公共服务发展的动力要素主要来自两个方面:一是政府自上而下的政策、供给方式的推动;二是居民自下而上的需求拉动。运行的支撑点是体育公共服务体制与运行机制的健全与完善,具体如图2-2所示。

第二章 残疾人公共体育服务运行机制的理论基础 035

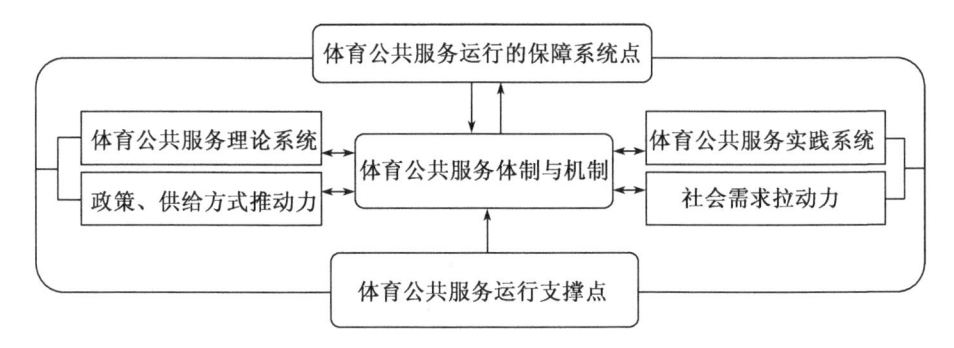

图 2-2 体育公共服务运行系统①

罗旭从全民健身服务视角认为全民健身服务体系运行机制是为保证全民健身服务的高效和有序运转,而形成的各要素之间相互联系和相互作用的模式及其运作方式。运行机制是运作环境、主体、目的、动力、程序和手段等要素构成的动态系统。

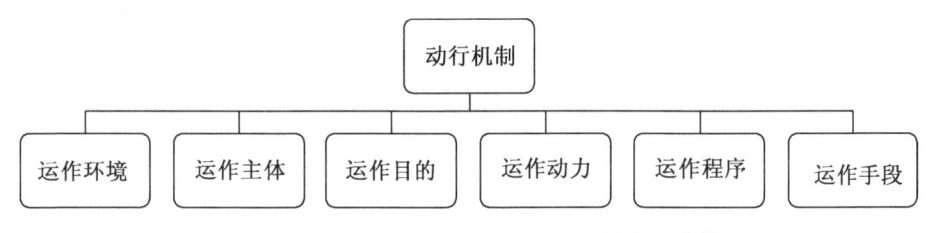

图 2-3 全民健身服务体系运行机制构成要素②

齐立斌从农村公共体育服务体系运行机制的内涵分析出发,对农村公共体育服务体系运行机制的含义进行界定,提出了运行机制结构(系统模型)(图 2-4)。该结构突出整个体系的功能性,按照各要素功能的不同,将运行机结构分为 6 个要素。这 6 种运行机制有机结合、相互关联、相互制约,尤其是从要素功能说,更加清晰地辨别各要素所承担的功能,构成一个完整的农村公共体育服务的运行机制。③

戴志鹏以社会运行机制的本质属性为理论依据,认为老年人体育运行机制的共同本质属性体现为一种自然机制,是包括动力机制、激励机制、保障机

---

① 樊炳有.体育公共服务的运行机制探讨[J].体育与科学,2010,31(2):25-32.
② 罗旭.我国全民健身服务体系的理论构建与运行机制研究[D].北京:北京体育大学,2006.
③ 齐立斌.农村公共体育服务体系的运行机制研究[J].南京体育学院学报(社会科学版),2010,24(4):44-48.

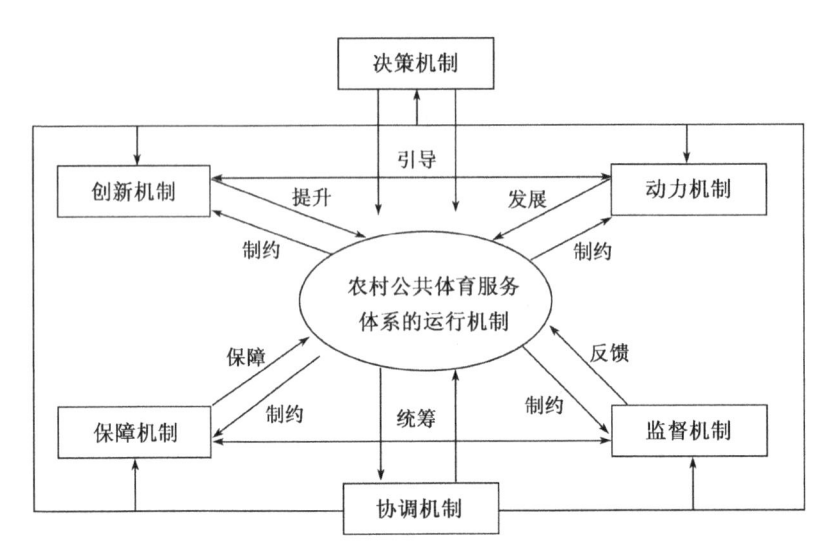

图 2-4 农村公共体育服务体系的运行机制

制和控制机制等 5 个基本环节的系统,并客观存在于老年人体育的运行过程中[①](图 2-5)。该结构主要突出了在不同的社会制度、时代背景及文化传统等外部因素影响下,老年人体育运行机制呈现不同的特征,具有动态性特征。

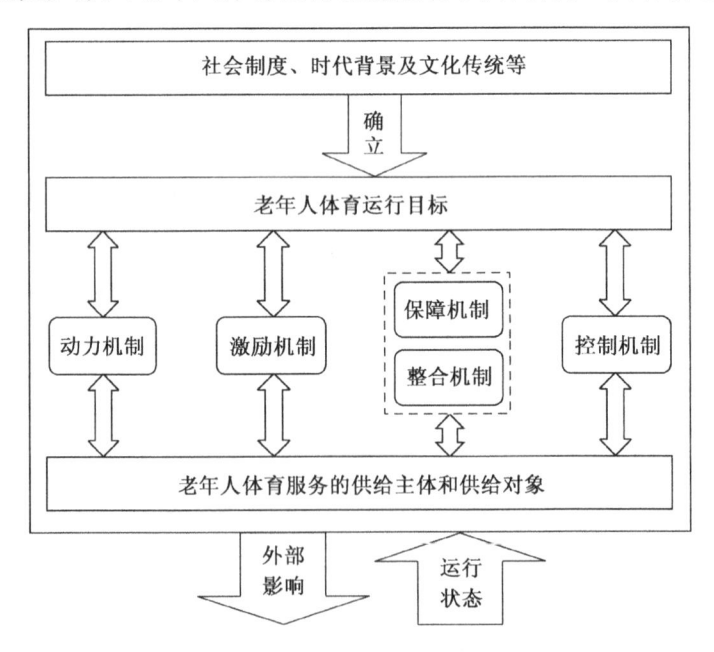

图 2-5 老年人体育运行机制的结构示意图

---

① 戴志鹏.居家养老服务视角下的老年人体育运行机制研究[D].苏州:苏州大学,2015.

二、残疾人公共体育服务运行机制内容框架

国内关于残疾人公共体育服务运行机制的研究刚刚起步,对运行机制进行系统的研究不多。孙海洋从全民健身视角下提出残疾人体育健身服务运行机制框架(图2-6)。[①] 运行过程由政府决策机构、服务组织管理机构、服务保障系统、服务供给系统、服务监督评价系统等多个要素构成,这些要素相互作用、相互联系,有效保证了残疾人体育健身服务平台有序运行,各要素既有效联系又各自独立运转,从而为残疾人体育健身服务有效运行提供基础。

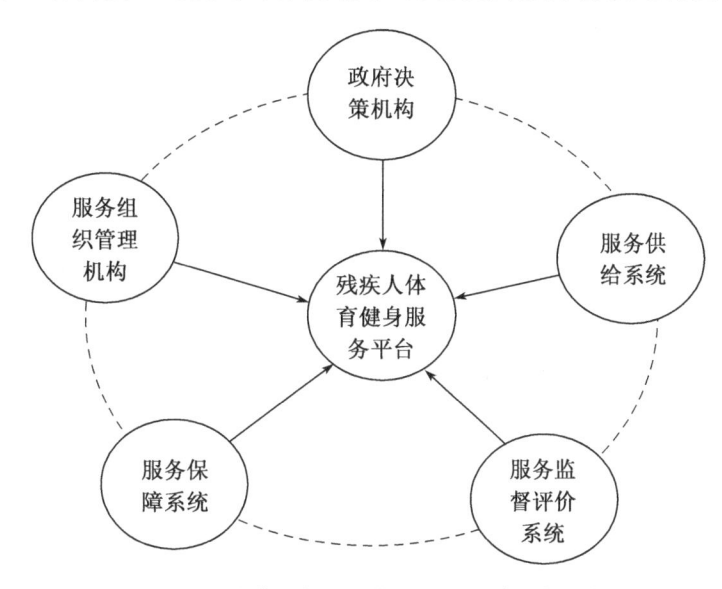

图2-6 残疾人体育健身服务运行机制的构成要素框架

郭阳和刘文斌在公共供求关系理论的基础上对西安市残疾人体育公共服务供给体系的基本现状进行调查,从物质资源运行、经费资源运行、人力资源运行、制度资源运行和信息资源运行等5个方面对西安市残疾人公共体育服务供给体系运行的机制进行研究。[②]

[①] 孙海洋.全民健身视域下残疾人体育健康服务运行机制的研究[D].牡丹江:牡丹江师范学院,2017.

[②] 郭阳,刘文斌.西安市残疾人体育公共服务供给体系运行的机制研究[J].品牌,2015,(1):48-50.

第三章 我国残疾人公共体育服务的发展

随着经济社会的不断发展,我国残疾人公共体育服务发展一方面受经济、政治、社会体制的变革影响,另一方面受人民群众包括残疾人在内不断增加的物质和精神方面公共需求的影响。不同时期的残疾人公共体育服务制度体现公共体育服务主体的价值取向和选择,影响着公共体育服务最终效果。本章以我国残疾人公共服务发展为线索,总结与残疾人公共体育服务相关的体制变革和策略,为研究我国残疾人公共体育服务体系提供基础。

第一节 我国残疾人公共体育服务发展的阶段

一、残疾人公共体育服务的建立

新中国成立后,我国经历了从初步建立公有制的社会主义经济体制,到强调高度中央集权的计划经济两个阶段。在计划经济时代,国家配置各种经济资源,政府完全掌握和垄断了整个社会资源,成为公共服务的唯一供给主体,供给完全由政府主导,政府统一计划、统一调拨,并通过各级政府向社会提供全部公共服务。随着经济和社会发展,各项事业制度相继建立,中国残疾人事业也逐步发展,残疾人宣传、文化和体育工作有了明确目标和发展方向,残疾人的一些组织、福利企事业单位、特殊教育学校也相继成立。如1953年3月成立了中国盲人福利会,1956年2月成立了中国聋人福利会,同年在北京、天津和上海三个直辖市成立了盲人福利会分会和聋人福利会分会。[①] 盲人福利会、聋人福利会以及特教学校对残疾人和学生参加体育活动和锻炼都有明确的规定,从而保障了残疾人参与体育的权利。随着残疾人组织的建立,在特教学校、残疾人企事业福利单位相继开展了残疾人的群众性体育活动和比赛。如1957年,在北京举办了全国首届聋哑人田径、乒乓球、

---

① 中国残疾人事业年鉴1949—1993[M].北京:华夏出版社,1996:685.

游泳比赛,在上海举办了全国首届盲人田径运动会;1959年,在北京举办了全国首届聋哑人篮球赛。①

这一阶段的主要特点:一是充分体现计划经济特色的以政府包揽、分级负责、平均分配为主,政府垄断资源配置,政府成为公共服务供给的主体,所有的社会资源都是在国家统一计划下,统一调配;二是残疾人公共体育服务的制度建设刚刚起步,围绕着残疾人群体的体育需求,国家着手建立相应的制度和政策,以保证残疾人群体体育诉求的实现。

二、残疾人公共体育服务的发展

1978年党的十一届三中全会召开,我国推行经济体制改革,实行改革开放政策,逐步开放市场,确立社会主义市场化经济体制,政府的垄断地位被打破,政府职能也发生转变。随着经济体制改革的大力推进,建立与之相配套的政治体制改革、行政管理体制改革也在不断地深入推进,公共服务体制改革市场化、社会化全面实施。残疾人公共体育服务顺应改革开放政策的实施,在公共体育服务供给、保障等方面不断调整管理体制,制定更加适合市场经济需要的运行机制,以满足残疾人的体育需求。大体上可以分为以下几个阶段。

(一) 初步形成阶段(1978—1992年)

改革开放初期,面对社会事业严重破坏、公共服务严重短缺的社会现实,国家主要是恢复和整顿已有的公共事业,建立相关的制度,提高各类公共事业机构的活力和效率,以满足和维护正常的社会发展和运转。国家对推进残疾人事业采取了一系列的措施,相继恢复了各省市残疾人协会的工作,残疾人工作也逐步走入正轨。随着残疾人工作有序开展,残疾人体育工作也如同雨后春笋般在全国各地展开,各级各类组织也不断完善和加强。1983年成立了中国伤残人体育协会,1991年更名为中国残疾人体育协会。1985年6月成立了中国智残人体育协会(中国弱智人体育协会),并随后加入了国际特殊奥林匹克运动会组织(SOI)。1986年12月成立了中国聋人体育协会,由中华体育总会对其业务指导,协会成立后加入国际聋人体育协会(CISS)。②1988年成立了中国残疾人联合会,联合会的成立标志着我国残疾人事业开

---

① 中国残联体育部.残疾人体育健身指导员培训教材[M].北京:华夏出版社,2012:21.
② 中国残疾人事业年鉴1949—1993[M].北京:华夏出版社,1996:692.

始走向组织化、制度化和专业化。该组织是兼具代表、服务、管理职能的新型残疾人组织,为残疾人提供更加便捷、周到的公共服务,残疾人的三大体育组织都由中国残疾人联合会负责管理。随着各类残疾群体体育组织的建立,举办全国残疾人体育比赛和残疾人参加的比赛项目也逐步增多。如1984年在安徽合肥举办了第一届全国伤残人运动会,1985年在杭州举办了全国伤残人乒乓球锦标赛,1987年分别在河北唐山、广东深圳举办了第二届全国伤残人运动会和第一届全国特奥运动会。同时随着国门的打开,我国与世界各国的交往增多,残疾人参与国际比赛交流的机会也越来越多。如1982年11月中国伤残人体育代表团赴香港参加了第三届远东及南太平洋地区伤残人运动会[1]。1984年我国首次派中国伤残人体育代表团参加在美国举行的世界伤残人奥运会(国际残疾人奥林匹克运动会,简称国际残奥会),在此届奥运会上盲人运动员为我国摘得了第一枚奥运金牌,实现了残奥会零的突破。1988年、1992年中国残疾人体育代表团先后参加了在韩国汉城和西班牙巴塞罗那举办的第八届、第九届国际残奥会。1989年我国首次组团,并派出8名聋人运动员参加世界聋人奥运会。

这一阶段的主要特点:一是拨乱反正,恢复和整顿被破坏的公共服务生产,社会发展步入正常轨道;二是成立全国性的残疾人体育组织、举办全国性的赛事,逐步建立残疾人公共体育服务工作体制;三是政府管理部门仍旧是计划经济时代的政府包揽管理体制。

(二)快速发展阶段(1993—2001年)

1993年围绕着建立社会主义市场经济体制的目标和任务,公共服务改革也进入快速发展阶段。国家对残疾人事业的发展尤为重视,特别在教育、康复、就业、文化等方面;同时,随着国民经济和人民生活水平的提高,残疾人群众性体育运动得到长足的发展,各省市、自治区、直辖市残疾人体育组织建设以及各地各类体育赛事日趋完善。被正式列入国务院大型运动会系列、每4年举办一次的全国性残疾人运动会、特奥运动会如期举行,参加残疾人体育活动、训练和比赛的人数越来越多,2000年参加特奥的运动员达到5万人,全国已开展的项目达到30多项。[2] 同时我国还举办一些国际单项赛事,如锦标赛、邀请赛。如1996年在上海成功举办了首届亚太区特奥运动会。

---

[1] 中国残疾人事业年鉴1949—1993[M].北京:华夏出版社,1996:687.
[2] 张林芳.论中国残疾人体育政策[C].第十八届世界体育法大会,2012:191-195.

中国残疾人体育代表团先后参加了1996年、2000年在美国亚特兰大和澳大利亚悉尼举办的第十届、第十一届国际残奥会；1997年、2001年在丹麦哥本哈根和意大利罗马举办的第十八届和第十九届聋奥会，并在第十八届聋奥会实现了金牌零的突破。①

这一阶段的主要特点：一是代表服务管理残疾人具体工作的残联为残疾人公共体育服务提供了组织保障；二是引入竞争机制，打破垄断，推进公共体育服务供给的社会化和市场化；三是推行行政体制改革，政府放松管制范围，激发内部运行活力，残疾人体育走出国门。

（三）全面建设阶段（2002年至今）

随着2002年党的十六大报告提出政府的四项基本职能，即经济调节、市场监管、社会管理、公共服务，我国的市场经济体制改革步入全面建设时期。面对新时期我国经济社会发展暴露出的主要矛盾，2003年中共十六届三中全会通过的《中共中央关于完善社会主义市场经济体制若干问题的决定》提出，坚持科学发展观、统筹兼顾、强化管理、加快转变政府职能、完善社会保障体系的新理念和新思想。2006年中共十六届六中全会通过《关于构建社会主义和谐社会若干重大问题的决定》，勾画出包括强化公共服务、提高服务水平等构建社会主义和谐社会九大目标。2007年党的十七大报告提出扩大公共服务供给、大力发展社会事业、建立惠民的公共服务体系。② 2010年中共十七届五中全会强调，"十二五"期间，保障和改善民生，建立与我国的发展水平相一致、覆盖人民生活的各个方面、城乡一体化、可持续发展的公共服务体系，着力推进基本公共服务均等化。③ 公共服务"十二五"期间制定一系列规划政策，包括国家基本公共服务体系、公共体育设施建设、社会养老服务体系建设等多个方面。2012年国务院印发《国家基本公共服务体系"十二五"规划》，就基本社会服务、公共文化体育服务、残疾人基本公共服务等方面制定各项制度安排、重点任务和基本标准。2016年出台《残疾人文化体育工作"十三五"实施方案》，明确提出促进残疾人康复体育、健身体育、竞技体育协调发展，提高残疾人体育锻炼的参与率和覆盖面，促进残疾人康复体育、健身体育、竞技体育协调发展，提高残疾人体育锻炼的参与率和覆盖面。

---

① 中国残疾人体育协会.残疾人体育基本知识导读[M].北京：华夏出版社，2005：1-80.
② 叶响裙.公共服务多元主体供给理论与实践[M].北京：社会科学文献出版社，2014：1-64.
③ 姜晓萍.建设服务型政府与完善地方公共服务体系[M].北京：中央编译出版社，2015：1-761.

根据国家提出的转变政府职能,完善公共服务体系的战略导向,中央和地方围绕基本服务体系出台一系列具体的实施文件和措施,关注民生,加快公共服务体系建设,加强公共服务资金投入,合理配置资源,扩大基本公共服务覆盖面,提高政府公共服务水平和能力。尤其是残疾人基本公共服务的重点任务、目标和基本标准被列入国家基本服务体系,说明国家对残疾人事业的重视和关注。残疾人公共体育服务作为残疾人公共服务体系中不可或缺的重要组成部分,在国家相关政策出台的保驾护航下取得了举世瞩目的成就。2007年、2008年、2009年先后在上海、北京和台北成功举办了世界特奥会、残奥会和聋奥会,实现了与残疾人相关的三大奥运会登陆中国的夙愿,不仅让全世界了解了中国残疾人体育事业,向世界展示了中华民族的文化传统和残疾人的精神风貌,也使全社会对"人道主义""以人为本"的理解更加深刻,对完善残疾人的社会保障体系和服务体系建设产生深远影响。从2004年雅典到2016年巴西里约,我国连续四届蝉联残奥会金牌榜首位,2010年广州、2014年仁川亚残运会同样蝉联金牌榜首位,充分展示了我国残疾体育健儿在国际赛场的英姿和风采。在国内逐步建立了一批国家级和省级残疾人体育训练基地,这些体育训练基地的建立标志着我国残疾人事业的发展和残疾人体育事业所取得的成就。2003年中国残疾体育运动管理中心在北京成立,该中心集残疾人体育竞赛、训练、科研、培训、康复、办公、休闲娱乐为一体,为国内外残疾人群众体育、康复体育和竞技体育提供全方位的服务。随后在上海、南京、天津、福州、广州、昆明等十几个省市建立了残疾人体育训练基地,目前国家级残疾人体育培训基地达到34个,省级残疾人体育训练基地225个。为全面提高残疾人社会体育服务能力和服务水平,更好地为残疾人提供体育健身指导,2011年中残联启动了"十二五"期间在全国培养3万名残疾人体育健身指导员计划。据2015年中国残疾人事业发展统计公告,全国累计培养国家级残疾人体育健身指导员719名,省级残疾人体育健身指导员1.1万人,地市级残疾人体育健身指导员3.0万人,逐步形成了一支面向基层、社区,为残疾人提供体育健身指导服务的三级体育健身指导员队伍。从2011年开始,中残联将每年8月8日的"全民健身日"定为"残疾人健身周",并在全国范围内定期举办残疾人健身活动。同时围绕着普及和推广残疾人体育健身方法和项目,全面启动残疾人"自强健身工程",目前创建省级残疾人体育活动示范点1 151个,市级2 440个。[①] 为进一步强化政府服务职能,加快推进残疾人小康进程,创新残疾人体育服务模式,改善残疾人健康生活意识和生活方式,提高广大残疾人身体素质和健康水平,2015年中残联下发《残疾人康复体育关爱家庭计划》,先后在北京、天津、河北、四川等地的上千个残疾人家庭试点康复体育进家庭项目。全国参加地、市、县级举办的残疾人运动会和选拔赛的业余运动员累计已达到20余万人次,经常参加体育锻炼的超过1 000万人次,注册登记的残疾人运动员达到15 252人,特奥运动员超过120万人,残疾人体育人才队伍和组织建设不断加强[②]。2011年天津体育学院率先在全国体育院校开办了含残疾人体育方向的特殊教育专业,随后西安体育学院、山东体育学院、广州体育学院等部分高等院校相继开办了该专业,培养残疾人体育管理、训练和教学的专业人才。北京体育大学、福建师范大学、上海体育学院先后设置了残疾人体育硕士、博士人才培养方向,在国内形成了从本科到博士的残疾人体育专业人才培养体系。2010年福建省成立了国内第一所特殊奥林匹克运动研究中心,2011年北京体育大学中国残疾人体育研究中心成立,这两所研究中心专门为推动残疾人体育工作提供智力支持与专业服务。研究中心的成立标志着我国残疾人体育研究迈上一个新的高度,也将推动我国残疾人体育科学研究和发展。

这一阶段的主要特点:一是作为群众体育的一个重要范畴,残疾人体育事业受到国家和全社会的广泛关注,国家加强顶层设计,出台一系列的相关政策与措施,逐步缩小残疾人体育健身服务水平与公共体育服务水平之间的差距,并积极依托公共体育服务体系,保障残疾人平等享有基本公共体育服务均等化成果。二是2008年北京残奥会后,提出我国由体育大国向体育强国迈进的战略思路,以及全民健身战略和健康战略,我国的残疾人体育工作重心发生转变,围绕着残疾人公共体育服务,政府加大供给改革力度,创新服务工作机制,全面加强残疾人公共体育服务基础工作,提高残疾人体育健身活动参与率,丰富残疾人公共体育服务内容,保障残疾人均等享有公共体育服务。

---

① 2015中国残疾人事业发展统计公告.[残联发(2016)14号][Z].2016-04-01.
② 2015中国残疾人事业发展统计公告.[残联发(2016)14号][Z].2016-04-01.

第二节 我国残疾人公共体育服务成效及问题分析

随着国家全面深化改革,推进社会事业改革创新,加快推进新常态下的残疾人小康进程,适应社会主义市场经济的公共服务体系逐步建立,尤其是围绕"十二五"国家基本公共服务体系的构建和完善,残疾人公共体育服务建设步伐加快,成效显著。

一、我国残疾人公共体育服务的主要成效

(一)加强政策制度引领,有效地提供了制度保障

围绕残疾人基本公共服务,国务院、中国残疾人联合会(简称"中残联")以及地方政府针对残疾人面临的突出问题,站在全局高度,着眼从根本上解决残疾人最关心、最直接、最现实的利益问题,加强顶层设计,统筹谋划,确立科学的方略和思路,积极探索在新的历史条件下残疾人基本公共服务模式,创新机制体制,顺应改革发展新形势,相继出台了一系列相关政策措施,形成自上而下层层衔接、环环相扣的合力,这些政策措施的出台有力推动了我国残疾人公共体育服务建设。从中残联1988年发布的《中国残疾人事业发展五年工作纲要(1988—1992年)》的"八五"计划到2016年《残疾人文化体育工作"十三五"实施方案》的"十三五"计划,对残疾人公共体育服务明确提出了主要任务和政策措施。2015年颁布的《国务院关于加快推进残疾人小康进程的意见》和2016年的《"十三五"加快残疾人小康进程规划纲要》,国家从顶层设计对提升残疾人公共服务水平提出了纲领性要求。同时有关部门相继制定和颁布一系列法律条文,有效地保障了残疾人享有参与体育的权益,也为残疾人公共体育服务逐步走向制度化、标准化提供了制度保障,具体见表3-1和表3-2。

表3-1 不同时期"残疾人服务"和"残疾人体育服务"的文件表述

主要表述内容	文件名称	颁布时间
伤残人体育是社会主义体育事业的组成部分	《关于积极地、有计划地开展伤残人体育活动的通知》([83]体群字107号)	1983年12月20日
全社会都来关心伤残人体育	《关于进一步加强伤残人体育工作的通知》([88]体群字41号)	1988年5月4日

(续表)

主要表述内容	文件名称	颁布时间
要抓好群众性文化体育活动	《中国残疾人事业五年工作纲要(1988—1992年)》	1988年9月3日
广泛开展群众性体育活动,培养残疾人运动员,提高竞技运动水平	《中国残疾人事业"八五"计划纲要(1991—1995年)》	1991年12月29日
广泛开展残疾人体育健身活动,丰富残疾人体育健身方法 逐步完善群众性体育运动竞赛制度	《全民健身计划纲要》	1995年6月20日
普及群众体育,提高竞技水平	《中国残疾人事业"九五"计划纲要(1996—2000年)》	1996年4月26日
广泛开展文化体育活动,丰富残疾人生活	《中国残疾人事业"十五"计划纲要(2001—2005年)》	2001年5月18日
加强管理与扶持力度,大力开展群众性体育活动,提高竞技体育水平	《残疾人体育工作"十五"实施方案》	2001年5月29日
丰富和活跃残疾人文化、体育生活	《中国残疾人事业"十一五"发展纲要(2006—2010年)》	2006年6月9日
进一步满足残疾人参加体育活动的需求,展示残疾人体育才华,推动群众体育和竞技体育协调发展	《残疾人体育工作"十一五"实施方案》	2006年12月22日
发展残疾人体育事业,是坚持以人为本、促进和谐社会建设的必然要求	《国务院办公厅关于进一步加强残疾人体育工作的意见》(国办发〔2007〕31号)	2007年5月6日
关注老年人、残疾人体育。各类体育组织应当为他们参加体育活动提供帮助	《2001—2010年体育改革与发展纲要》(体政字〔2000〕079号)	2000年12月15日
落实全民健身计划,开展残疾人群众性体育健身活动,增强体质、康复身心	《中共中央、国务院关于促进残疾人事业发展的意见》	2008年3月28日
加强残疾人服务体系建设,提高为残疾人服务的能力和水平	《关于加快推进残疾人社会保障体系和服务体系建设的指导意见》(国办发〔2010〕19号)	2010年3月10日
大力推进残疾人体育	《全民健身计划(2011—2015年)》(国发〔2011〕5号)	2011年2月15日
依托公共体育服务体系,全面推进残疾人群众体育	《残疾人体育工作"十二五"实施方案》	2011年12月22日
养成健身习惯、享受健康生活	《关于组织开展"残疾人健身周"活动的通知》(残联厅函〔2011—2015〕66、71、69、182、191号)	2011—2015年

(续表)

主要表述内容	文件名称	颁布时间
把残疾人体育健身工作纳入全民健身事业大局	《关于贯彻落实〈全民健身计划〉推进残疾人体育健身工作的意见》（残联厅发〔2011〕14号）	2011年7月19日
健全残疾人公共服务体系、促进残疾人事业发展	《关于促进助残社会组织发展的指导意见》（残联发〔2014〕66号）	2014年11月20日
形成残疾人公共服务资源高效配置的服务体系和供给体系	《〈政府购买残疾人服务试点工作实施方案〉的通知》（残联厅发〔2014〕47号）	2014年9月3日
促进残疾人公共服务资源的优化配置	《关于做好政府购买残疾人服务试点工作的意见》（财社〔2014〕13号）	2014年4月30日
着力提升残疾人基本公共服务水平	《国务院关于加快推进残疾人小康进程的意见》（国发〔2015〕7号）	2015年1月20日
为重度残疾人实施康复体育家庭关爱服务	《残疾人康复体育关爱家庭计划（试行）》（残联厅发〔2015〕23号）	2015年5月8日
促进残疾人康复体育、健身体育、竞技体育协调发展，提高残疾人体育锻炼的参与率与覆盖面	《残疾人文化体育工作"十三五"实施方案》	2016年10月27日

以上政策措施的出台为残疾人公共体育服务的具体实施提供有力的制度保障，也为基层工作提供具体的指导性文件，更好地完成残疾人公共体育服务中的各项任务，有效地推动政策的落实。

表3-2 不同时期"残疾人服务"和"残疾人体育服务"的法律条文表述

主要表述内容	法律条文名称	颁布时间
各级人民政府和有关部门鼓励、帮助残疾人参加各种文化、体育、娱乐活动，积极创造条件，丰富残疾人精神文化生活 残疾人文化、体育、娱乐活动应当面向基层，融于社会公共文化生活，适应各类残疾人的不同特点和需要，使残疾人广泛参与	《中华人民共和国残疾人保障法》	1990年12月28日
全社会应当关心、支持老年人、残疾人参加体育活动。各级人民政府应当采取措施，为老年人、残疾人参加体育活动提供方便 学校应当创造条件为病残学生组织适合其特点的体育活动	《中华人民共和国体育法》	1995年8月29日
制定全民健身计划和全民健身实施计划，应当充分考虑学生、老年人、残疾人和农村居民的特殊需求	《全民健身条例》	2009年10月1日

国家非常重视通过立法来保障残疾人参加体育活动的权益,以上颁布的法律法规对残疾人体育活动的开展、组织实施等都有明确的规定,为依法保障残疾人公共体育服务提供了法律依据。并且随着全面建成小康社会的进程,要缩小残疾人生活状况和社会平均水平差距,就需要不断完善残疾人权益法律保障制度,在制度赋权和制度正义基础上消除障碍和限制,从而保障残疾人基本权益的实现,促进残疾人共享社会发展成果,实现平等共权。

(二) 形成以人为本的公共服务理念,明确了发展目标

我国残疾人事业的根本主旨就是实现残疾人"平等、参与、共享"的目标,这与我们以人为本的人道主义精神相一致。中华民族自古到今就有关爱残疾人的传统美德,关爱残疾人也是社会文明进步的象征。大力弘扬人道主义精神,尊重残疾人的生命价值,倡导扶残助残的社会风尚,使越来越多的社会各界人士理解、尊重、关心、帮助残疾人,人们开始以包容的胸怀、平等的态度接纳残疾人,残疾人参与社会生活的环境更加和谐,现代文明社会的残疾人观日益深入人心,平等、接纳、包容的人道主义理念逐步改变着人们对残疾人的态度。党的十八大提出的"使发展成果更多更公平惠及全体人民"以及构建社会主义和谐社会,无疑是一切从人民出发、一切为了人民的人本思想,这也是构建残疾人公共体育服务体系的宗旨和前提。残疾人不仅是公共体育服务的服务对象,也是参与主体。构建残疾人公共体育服务体系,就是要满足和关注残疾人平等享有体育服务的需求,就是要根据残疾人的特殊性提供支持服务。2012年颁布的《国家基本公共服务体系"十二五"规划》明确提出公共文化体育服务和残疾人基本公共服务发展目标和基本标准,具体见表3-3和表3-4。

表3-3 "十二五"国家基本公共服务发展目标

服务项目发展目标	
公共文化体育服务	公共文化服务体系逐步健全,公共文化产品供给进一步扩大,城乡居民精神需求得到满足,全民健身公共服务体系建设持续推进,国民身体素质与文化素养不断提升,建设文化强国
残疾人基本公共服务	残疾人社会保障和服务体系形成制度性保障,保护以重度残疾人、农村残疾人和残儿童为重点的残疾人的合法权益,残疾人生活状况与社会平均水平差距不断缩小

资料来源:《国家基本公共服务体系"十二五"规划》国发〔2012〕29号

表3-4 "十二五"国家基本公共服务标准

服务项目	服务对象	保障标准	支出责任	覆盖水平
公共文化体育服务				
体育场馆开放	城乡居民	有条件的公办体育设施(含学校体育设施)向公众开放,免费项目或有关收费标准由地方政府制定;开放时间与当地公众的工作时间、学习时间适当错开,不少于省(区、市)规定的最低时限,全民健身日免费开放,国家法定节假日和学校寒暑假期间,应当适当延长开放时间	地方政府负责,中央财政适当补助	可供使用的公共体育场地(含学校体育场地)占全国体育场地总数的比率达到53%左右
全民健身服务	城乡居民	免费享有健身技能指导、参加健身活动、获取科学健身知识等服务;免费提供公园、绿地等公共场所全民健身器材	地方政府负责,中央财政适当补助	经常参加体育锻炼人数比率达到32%以上
残疾人基本公共服务				
残疾人体育健身服务	残疾人	免费享有体育健身指导服务	中央和地方财政共同负担	建立1200个残疾人体育健身示范点,经常参加体育健身的残疾人比率达到15%以上

资料来源:《国家基本公共服务体系"十二五"规划》国发〔2012〕29号

随着国家层面基本公共服务体系的发展目标和基本标准形成与确立,各个省、自治区、直辖市层面的基本公共服务体系的地方发展目标和基本标准相继出台,成为引导地方"十二五"公共服务体系建设的纲领性文件,并用以基层工作的具体实施。如江苏省、四川省等"十二五"基本公共服务体系规划,天津市、广东省等(城乡)社区服务体系建设"十二五"规划。

(三)服务内容不断丰富,供给主体多元发展

自2011年起启动"自强健身工程",中残联、各省市区残联相继依托"自强健身工程"大力组织和开展残疾群众性健身活动。如"残疾人健身周""全国特奥日"活动,为残疾人提供更加便捷、适用的体育活动,提高残疾人的身体素质和健康水平。同时依托残疾人节日主题活动,如"全国助残日""国际残疾人日"等通过竞赛、展示等活动加大残疾人参与力度,扩大残疾人群众性体育覆盖面,促进残疾人公共体育制度化和常态化发展。随着市场化、社会化、信息化进程推进,通过多元化供给打破垄断,提高公共服务质量和效率,建立与之相适应的公共体育服务体系,通过不断创新残疾人体育服务模式、服务内容,为残疾人参与公共体育搭建平台。依照不同类别残疾人健身需求,推广轮椅广播操、轮椅柔力球、轮椅太极拳、轮椅哑铃操等适合残疾人身心特点的体育健身项目,丰富和完善残疾人体育健身指导服务能力和服务水平,充分保障残疾人平等享有基本公共体育服务均等化成果,进而实现全民健身全民共享共同迈入全面建成小康社会目标。(见表3-5)

表3-5 2011—2015年残疾人公共体育服务统计数据

统计内容	2015年	2014年	2013年	2012年	2011年
残疾人健身指导员/个	42 148	719	524	200	131
残疾人群众体育示范点/(国/个)	3 591	397	203	351	201
残疾人体育比赛/(国/次)	126	20	18	80	100
参赛残疾运动员/(国/人次)	15 252	6 000	2 200	12 574	12 155
残疾人体育基地/(国/个)	34	34	31	29	22
聘任教练员/人	809	1 188	1 188	885	826
残疾人群众体育健身活动/(省/次)	9 055	241	254	218	171
残疾人群体活动参加人数/(省/人次)	80.6万	6.2万	5.8万	4.9万	3.6万

资料来源:中国残疾人联合会年度数据(2011—2015)

二、我国残疾人公共体育服务存在的主要问题

我国有8 500多万残疾人,直接影响2.6亿家庭人口。随着我国残疾人社会保障与社会服务体系的建立和推进,残疾人公共体育服务得到明显改善,但还存在着投入不足、参与率不高、覆盖面较窄、城乡区域差别较大、服务主体单一以及一些具体配套政策落实不到位等问题。这在一定程度上影响了残疾人体育事业的全面发展,导致整个社会事业与社会保障体系建设中的短板。

(一)资金投入不足,体育活动参与度不高

长期以来,我国的残疾人公共体育服务都是由政府提供,包括资金投入,

而各级政府的工作重心是在经济建设。在社会发展和公共服务方面投入少、投入总量不足已经成为影响残疾人公共服务发展的重要原因。以2015年为例,国内生产总值(GDP)为676 708亿元,人均可支配收入21 966元,人均国民总收入(GNI)为7 880美元,相当于中等偏上收入国家的平均水平。[①] 全国一般公共预算支出175 868亿元,占GDP的25.99%。[②] 然而同期美国财政总收入大约为5.9万亿美元,用于社会保障教育、卫生以及一般公共服务的开支高达4.6万亿美元,占国家财政总收入的77%(见图3-1)。显然我国在公共服务的财政支出偏低,这与我国各级政府追求经济绩效不无关系,也说明各级政府对提升残疾人公共体育服务缺乏内在动力。

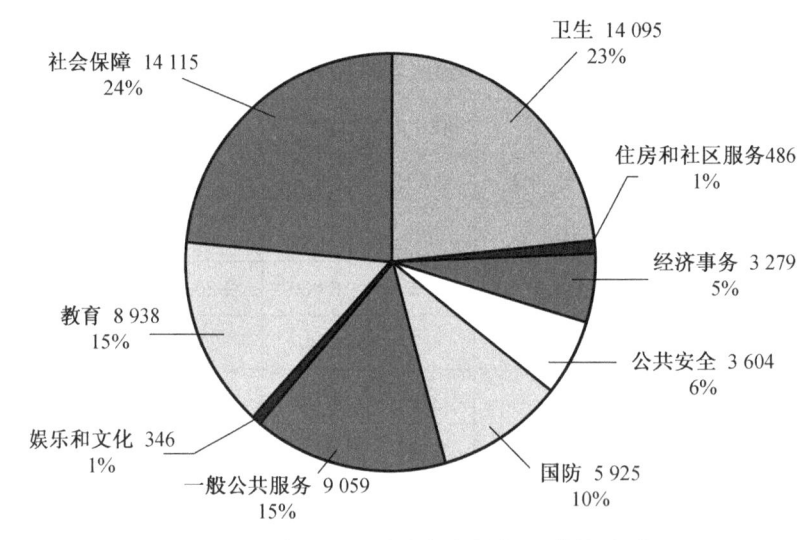

图3-1 2015年美国财政支出分布情况(单位:亿美元)
(数据来源:美国经济分析局)

目前,用于我国残疾人事业发展的资金主要来源于国家财政拨款、事业收费、福利基金、预算外资金和其他(图3-2),如"十一五"中央和地方资金投入为665.54亿元,体育占残疾人事业资金总支出的5.38%,占非成本类支出8.67%(图3-3)[③],而这远远不能满足各地区开展残疾人公共体育服务的需求,面对近上千万的困难残疾人和重度残疾人,首先需要解决的是残疾人的生活保障问题,生存问题解决了,才有可能去解决残疾人的精神文化生活,这

---

① 国家统计局.十八大以来我国人均国民总收入大增[Z].2016-03-09.
② 国家统计局.2015年国民经济和社会发展统计公报[Z].2016-02-29.
③ 卢连才."十一五"时期残疾人事业资金分析及发展预测[J].残疾人研究,2013,(2):45-50.

也限制了资金的使用,使得用于残疾人体育健身的资金少而又少,尤其在乡镇、农村和偏远地区,如果没有专项资金投入,就很容易造成因资金不足而无法开展和实施残疾人体育健身活动。

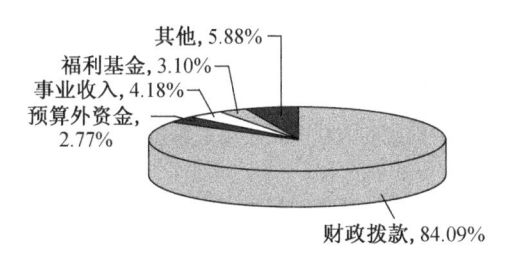

图3-2　残疾人事业资金比重

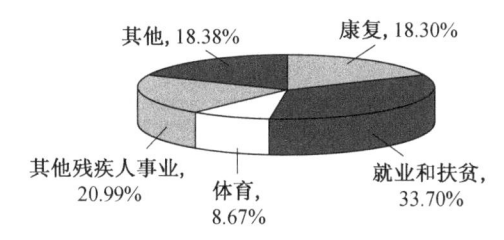

其他,5.88%
福利基金,3.10%
事业收入,4.18%
预算外资金,2.77%
财政拨款,84.09%

图3-3　各项支出占非成本类支出的比重

其他,18.38%
康复,18.30%
其他残疾人事业,20.99%
体育,8.67%
就业和扶贫,33.70%

(资料来源:卢连才."十一五"时期残疾人事业资金分析及发展预测)

据2013年中国残疾人小康进程状况监测,全国残疾人经常参加社区文化、体育活动的比例为8.2%,其中城镇为10.4%,农村为7.5%[①],具体见表3-6至表3-8。显然,这与国家提出经常参加体育锻炼人口的32%差距甚远,不能不思考其原因,在8 500万残疾人中有75%在农村,农村贫困残疾人有近1 500万,近260万城镇残疾人生活困难。[②] 调查也显示,残疾人总体生活水平、收入水平显著低于社会平均水平,由于相当一部分残疾人的生活处于贫困状态,生存都是问题,根本无暇顾及或追求发展或更高层次的需求和发展,因此造成了残疾人参与体育健身活动率不高的问题。

---

① 陈功,吕庆喆,陈新民.2013年度中国残疾人状况及小康进程分析[J].残疾人研究,2014,(2):86-95.
② 国务院.关于加快推进残疾人小康进程的意见[Z].2015-01—2020.

表 3-6　2007—2013 年全国残疾人参加社区文化、体育活动情况　（单位：%）

参加强度	2007 年	2008 年	2009 年	2010 年	2011 年	2012 年	2013 年
经常参加	4.7	5.7	5.4	5.4	6.3	7.8	8.2
很少参加	20.1	24.5	24.5	28.3	32.4	36.5	34.9
从不参加	75.2	69.8	70.1	66.3	61.3	55.7	57.0

数据来源：《2013 年度中国残疾人状况及小康进程监测报告》

表 3-7　2007—2013 年城镇残疾人参加社区文化、体育活动情况　（单位：%）

参加强度	2007 年	2008 年	2009 年	2010 年	2011 年	2012 年	2013 年
经常参加	7.7	8.4	6.3	6.4	7.4	10.4	10.4
很少参加	21.1	24.7	23.7	27.5	31.5	37.5	35.8
从不参加	71.2	66.9	70.0	66.1	61.1	52.1	53.8

数据来源：《2013 年度中国残疾人状况及小康进程监测报告》

表 3-8　2007—2013 年农村残疾人参加社区文化、体育活动情况　（单位：%）

参加强度	2007 年	2008 年	2009 年	2010 年	2011 年	2012 年	2013 年
经常参加	3.8	4.8	4.9	4.9	5.7	6.9	7.5
很少参加	19.8	24.5	25.0	28.7	32.8	36.1	34.5
从不参加	76.4	70.7	70.1	66.4	61.5	56.9	58.0

数据来源：《2013 年度中国残疾人状况及小康进程监测报告》

（二）区域发展不均衡，优惠政策落实不到位

目前我国东、中、西部地区由于区域经济发展的不均衡，在残疾人公共体育服务方面差异明显，如残疾人群众体育活动、参加人数、示范点等（表 3-9）；城乡二元经济结构造成我国残疾人公共体育服务资源主要集中在发达地区和城市，城乡之间、地区之间的差距过大，如"十一五"时期各地区残疾人事业资金支出，2010 年上海 108 221.07 万元，湖北 44 098.45 万元，甘肃 28 919.61 万元。[①] 显然，残疾人公共体育服务的设施、活动开展、专业指导等基本集中在经济条件好的地区和城区，而乡镇、农村以及偏远地区残疾人和重度残疾人，由于距离偏远、行动不便，获得公共体育服务的难度大，享有的

---

① 卢连才."十一五"时期残疾人事业资金分析及发展预测[J].残疾人研究,2013,(2):45-50.

公共服务产品和服务水平低,进而影响到这些地区残疾人参与体育健身,不利于残疾人公共体育服务均等化。据调查,残疾人健康指数普遍较低,患病率较高,近90%的残疾人患有一种或多种疾病。[①] 许多残疾人和有残疾人的家庭由残而困、因残致贫。调查也显示,残疾人家庭医疗保健支出高于全国平均水平[②],用于看病、治病的支出成为每一个残疾人家庭最大的消费。然而国内各地的全民健身活动中心、康复健身中心以及一些健身俱乐部等场馆和群众性体育赛事的收费体育项目让广大的残疾人望而却步,无法迈进健身的大门。虽然有些地方政府出台相关的优惠、普惠政策,鼓励残疾人进行体育活动,但在实际操作层面,优惠的力度、普惠政策的缺失无疑都会影响残疾人的体育健身。

表3-9 上海市、湖北省、甘肃省残疾人公共体育开展情况

省市	残疾人群众体育健身活动/次	残疾人群众体育健身活动参加人数/名	残疾人群众体育活动示范点/个	残疾人体育健身指导员/名	参赛残疾人运动员/名	残疾人体育训练基地/个
上海市	17	3 395	314	583	13	5
湖北省	3	1 500	25	1 100	1	10
甘肃省	2	1 300	22	500	2	9

＊残疾人体育健身指导员、训练基地是按照本地残疾人数的百分比计算。上海市残疾人口94.2万、湖北残疾人口379.4万、甘肃残疾人口187.1万(数据来源于第二次全国残疾人抽样调查)

(三) 公共服务的主体单一,服务力量薄弱

长期以来,残疾人的体育工作一直是由残联直接负责,这就导致了残联成为唯一的服务供给主体,而残疾人公共体育服务涉及财政、民政、体育、医疗等多个部门,单一的服务主体以及过于行政化的管理往往会导致管理效率低效和僵化。由于缺少参与途径,一些社会组织、企业和个体无法参与,使得残疾人群体的体育服务需求和表达渠道不畅,公共服务的供给主体与供给渠道单一。同时由于市场竞争机制不健全,社会组织、企业和个体参与残疾人

---

① 上海市残疾人健康状况评估报告出炉,残疾人健康状况堪忧[EB/OL].中国新闻网,2015-05-14.
② 陈功,吕庆喆,陈新民.2013年度中国残疾人状况及小康进程分析[J].残疾人研究,2014,(2):86-95.

公共体育服务供给的意愿不强,大多还是停留在救济慈善层面,没有发挥出社会组织的优势。加之我国残疾人公共体育服务起步晚、底子薄、基础弱,基层组织建设不完善,一些地区的残联工作人员专业化、职业化水平不高,服务意识淡薄,服务能力严重滞后,许多乡村没有或缺少残联专职干部,缺乏专业的服务人员对残疾人进行健身指导。公共体育服务体制机制与残疾人的需求还有一定的差距,服务项目、服务标准、服务质量等都有待进一步完善和提高,同时一些地区对残疾人公共体育服务关注度不高,重视程度也不够,使得残疾人公共服务的各方面工作出现严重的落后,甚至停滞。

(四) 公共设施无障碍缺失,阻碍体育参与

出行不方便已成为影响残疾人顺利参加体育活动的一个主要因素,尤其是公共环境的无障碍设施缺失,更是成为残疾人融入社会、平等参与的最大障碍。《2015年中国残疾人事业发展统计公报》显示,全国出台451个无障碍建设法规,但这些法规大都是倡议和鼓励性的,缺少切实有效的社会监管措施,造成目前建设不到位、管理不健全的状况。最常见的是一些城市或农村的公共体育设施,如体育场馆、健身房、俱乐部的无障碍设施往往被忽略,再加之身体、语言以及信息和交流的障碍使得残疾人很难自行完成健身的需求,尤其是一户多残、老残一体、出行不便的重度或多重残疾人面临着各种不同程度的参与障碍,严重影响了残疾人体育活动的参与。随着各地健身路径相继建造完毕,适宜残疾人能够使用的健身器材不多,甚至没有,多数社区或康复健身中心没有健身指导员进行指导,这些"天然路障"不仅阻碍了残疾人的健身,也影响到了他们体育活动的参与。

(五) 老龄化趋势凸显,体育活动难度加大

残疾人公共体育服务不仅要面对各类情况不一的残疾人,而且要面对残疾人老龄化趋势。老年残疾人已是今后公共体育服务的主要对象。第二次全国残疾人抽样调查显示,我国60岁以上的老年残疾人4 416万,占残疾人的53.23%。[1] 老年残疾人家庭中一户一残的占到78.9%,一户多残的占21.1%,高于全国残疾人家庭10.7%的平均水平。在活动和社会参与方面,存在障碍的老年残疾人达到86.81%和87.91%。[2] 老年残疾人的体育健身需求呈现复杂、多层次的特点,既有因残治病的康复健身需求,也有因老维系

---

[1] 赵建玲. 老年残疾人家庭现状与需求特点分析[J]. 残疾人研究,2014,(1):8-12.
[2] 杜鹏. 中国老年人残疾与生活不能自理状况比较研究[J]. 残疾人研究,2011,(2):3-6.

生存的健身需求,所以使得体育健身活动从内容、组织、形式等方面的难度加大。

三、我国残疾人公共体育服务问题的成因分析

形成这些问题的主要原因有 4 个方面:一制度障碍。凡是涉及残疾人的事都是由残联负责,而残疾人公共体育服务是全民健身重要的组成部分,相关部门从顶层制度设计到具体落实,少有考虑到这一群体的体育健身需求,现有的政策措施落地跟进不够,工作的制度化、规范化欠缺,导致政府的制度保障与残疾人群体的需求不相适应。二是投入不均衡。对残疾人竞技体育的投入远远超过群众性和康复性体育的投入,过多的经费用于竞技体育的训练、奖励,而残疾人群众性体育经费不足成为常态化,使得残疾人体育锻炼人口数量不高。三是工作方式僵化。过多地依赖行政指令开展工作,工作方式依然停留在"等、靠、要"层面,缺乏主动创新。基层残疾人体育社会组织薄弱、发展滞后、职能不清晰;残疾人体育健身指导员缺乏,导致一方面残疾人得不到科学健身指导,另一方面大量的康复健身器材设施闲置。四是供给与需求不匹配。对城市和示范区的体育资源配置关注得较多,对农村和经济薄弱地区关注得较少,重视残疾人最低生活保障,对残疾人具体的康复健身需求了解甚少,提供的产品往往脱离了残疾人的实际,致使残疾人公共体育服务产品与供给远远满足不了残疾人的健身需求。

第四章　国外残疾人公共体育服务的经验借鉴与启示

以英、美为代表的发达国家经济发展水平较高,科技较为先进,残疾人体育起步比较早,有关残疾人体育政策、措施的内容更为丰富和健全,在残疾人公共体育服务水平和标准方面更为完善,具有发达的社会组织系统,并通过各种类型的社会组织共同促进残疾人体育的发展。同时随着生活质量的提高,发达国家对民众的健康也越来越重视,对残疾人群体也更为关注,许多国家把民众的健康上升为国家战略,并出台政策予以保障。

"公共体育"是近年来随着国家政府职能转变,以及遍及全球的新公共服务思想的普及,国内专家学者对"大众体育""群众体育"的另一种称谓,其实质就是普通民众自愿参与的具有健身、娱乐、休闲、社交功能的自娱自乐的体育活动。欧美国家没有"公共体育"的提法,一般采用 mass sports 即"大众体育"或 community sports 即"社区体育"的表达形式。本章沿用国内"公共体育"称谓,以美国公共服务市场化、英国公共服务福利模式和日本公共服务政府主导型模式为例,介绍其残疾人公共体育服务相关经验,以期对我国的残疾人公共体育服务提供借鉴和参考。

第一节　残疾人公共体育服务的经验借鉴

一、美国的残疾人公共体育服务

(一) 美国残疾人公共体育政策法规

美国政府对于残疾人公共体育政策的制定是随着国际社会以及美国民众对残疾人的认识和态度的改变而逐渐被纳入国家法律法规中。在联合国向全球发布的《残疾人权利宣言》明确了各个国家和政府有责任保护残疾人的权利之下,美国政府为了保障残疾人人权和体育参与的权利,相继出台了一系列的政策①(表4-1)。

表4-1 美国残疾人相关法律一览表

时间	立法编号	法律名称和目的	重要相关内容
1964年	PL88-35	公民权利法案(Civil Rights Act)	无歧视
1967年	PL90-247	小学和初中教育法(Elementary and Secondary Education Act mended)	残疾人体育教育与体育休闲项目
1968年	PL90-170	建筑障碍法(Architectural Barriers Act of 1968)	无障碍
1972年	PL92-318	公民权利法案第11条(Title IX)	反对残疾歧视
1973年	PL93-112	康复法(Rehabilitation Act)	
1975年	PL94-142	全体残障儿童教育法(Education of All Handicapped Children Act)	体育教育是特殊教育的组成部分
1978年	PL295-606	业余体育法(Amateur Sports Act)	残疾人运动员被认可为美国奥林匹克委员会的身份
1990年	PL101-336	美国残疾人法(Americans with Disabilities Act)	残疾个体的公民权利被重新确认
1991年	PL102-119	残疾人教育法(修正)(Individuals with Disabilities Education Act mended)	残疾个体的个体化教育权利被重新确认

首先,美国从最早涉及残疾人权利的《公民权利法案》《建筑障碍法》《建筑障碍法》到《小学和初中教育法》《康复法》,美国政府从人权、出行、教育、康复等方面提出保障残疾人全面平等参与社会的各项措施。这些法律法规为残疾人融入社会提供了法律依据和保障,确保了残疾人在参与社会过程中可以依法维护自己的权利,也促进了全社会对残疾人的尊重。

其次,在20世纪70年代具有里程碑的法律中对残疾人体育参与也有明确的规定,如《康复法》(PL93-112)第504节、《全体残障儿童教育法》(PL94-142)和《业余体育法》(PL95-606)明确规定不得歧视残疾人②,残疾学生享有平等参与体育活动的权利,任何人、任何地方不能拒绝残疾人的参与。1978年的《业余体育法》(PL95-606)(ASA)明确了残疾人体育属于业余体育范

---

① 刘洋.基于社会融合精神下的欧美残疾人体育立法特征研究[J].武汉体育学院学报,2014,48(6):57-60.

② Claudine Sherrill. Adapted Physical Activity. Recreation and Sport[M]. WCB/McGraw-Hill, 1998.

畴,并提出"鼓励残疾人业余体育项目与竞赛项目的发展,为残疾人创造参与主流体育活动的机会"[①]。1998年对《业余体育法》(ASA)进行修正,更名为《奥林匹克与业余体育法案》(PL105-277),该法案范围包括残奥会以及业余残疾人运动员。随后还有影响比较广泛的法律法规,如1990年由总统签署的《美国残疾人法》(ADA)、2008年签署的《残疾人法案修正案》《残疾人教育法》等法律法规,将残疾人各项体育计划纳入社会制度保障之中,从制度上给残疾人提供了全方位融入社会的法律赋权,使残疾人参与公共体育活动进入一个全新的时代(图4-1)。

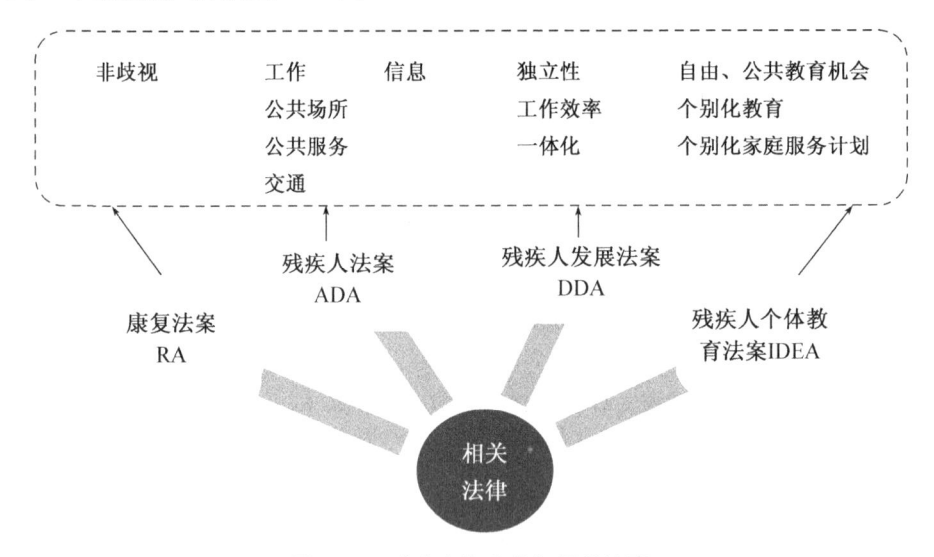

图4-1 残疾人体育参与相关法案

20世纪70年代,美国发布《健康公民:关于健康促进和疾病防治报告》,开始全面介入公民体育与健康。为提高国民整体健康水平,1980年由美国卫生和人类保障部(HHS)公布每十年的"健康公民"计划,2010年发布了第四个"健康公民2020"计划,同年还颁布了国民健康促进政策《全民健身计划》,号召全体公民通过积极的体育活动参与提升健康水平。2013年,美国有超过2100万的残疾人,为了提高残疾人参与体育活动的机会,美国总统健康与运动委员会推出"百万计划",以增加贫困家庭和残疾人的健身机会[②],同时该委员会还向全国推行涵盖所有人群的6周健康计划,残疾人只要

---

① 吴卅.美国残疾人体育组织研究基于自组织理论视角[D].北京:北京体育大学,2013:40.
② 吴燕丹.美国残疾人体育事业考察及分析[J].残疾人研究,2013,(3):72-75.

参与6周计划就可以获得"百万计划"的奖励。

（二）美国残疾人公共体育组织机构

美国的残疾人公共体育组织可以追溯到第二次世界大战结束以后，随着美国民间自发性残疾人体育组织的逐步壮大，从自发的、无序的、非组织的逐步演化为有序的、有组织的各类残疾人体育组织，并形成了以美国奥委会为管理框架，下设残疾人体育委员会（后改名残奥会）领导下的7个多项残疾人体育协会与单项残疾人体育协会两大子系统（图4-2）。[①]

```
美国奥林匹克委员会USOC ── 美国残疾人奥林匹克委员会USPC
                                    │
                        美国残疾人体育委员会COSD
                            ┌───────┴───────┐
                    多项残疾人体育协会      单项残疾人体育协会
    ┌────┬────┬────┬────┬────┬────┐   ┌────┬────┬────┐
  美国  美国  美国  美国  美国  美国  美国  室内  截肢  盲人
  残疾  侏儒  特殊  聋人  盲人  脑瘫  轮椅  橄榄  者足  棒球
  人体  运动  奥林  体育  运动  运动  体育  球协  球协  协会
  育协  协会  匹克  联盟  协会  协会  协会  会    会
  会          委员
              会
```

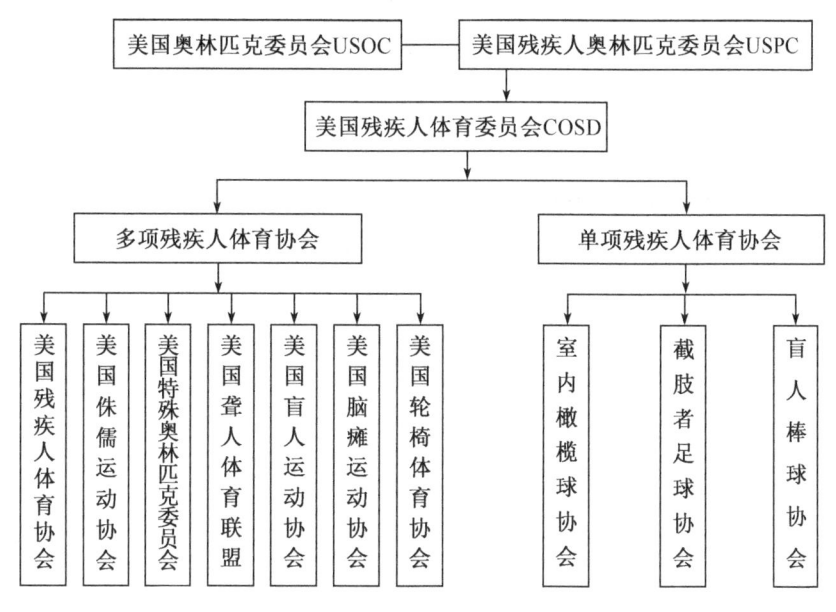

图4-2 美国残疾人体育委员会

1. 美国残疾人体育委员会

美国残疾人奥林匹克委员会（USPC）下设的残疾人体育委员会（COSD）具体负责推动美国的残疾人体育发展。该委员会向美国奥林匹克委员会（USOC）提出发展残疾人体育活动权利的建议，代表美国参加国际残奥委会组织的所有会议，负责精英残疾运动员的发展与训练、残奥会的举办和国家残奥队的组建，履行委员会发展、指导、研究和资金分配等职责。该委员会是美国残疾人奥林匹克委员会（USPC）成员，也是国际残疾人奥林匹克委员会

---

① Joseph P. Winnick. Adapted Physical Activity Education and Sport[M]. Human Kinetics，2000：37.

(IPC)成员,并通过提供教育机会和体育活动,改善数以千计有资格参加残奥会的残疾人的生活。残疾人体育委员会自2001建立以来,与数百个全国各地包括国家管理机构(NGB)、高级管理组织(HPMO)、残疾人体育俱乐部(PSC)组织建立联系。委员会成员主要是由来自获得美国奥委会认可的7个综合性残疾人体育协会代表组成,即美国残疾人体育协会(DS/USA)、美国侏儒运动协会(DAAA)、美国特殊奥林匹克委员会(SO)、美国聋人体育联盟(USADSF)、美国盲人运动协会(USABA)、美国脑瘫运动协会(USCPAA)、美国轮椅体育协会(WSUSA)。这7个协会先后加入与之一致的国际残疾人体育组织(表4-2)。[①] 该委员会作为国家管理机构(NGB)和高级管理组织(HPMO)负责6项赛事:高山滑雪、自行车、北欧滑雪(冬季2项、越野滑雪)、单板滑雪、游泳和田径。

表4-2 美国残疾人体育协会与国际残疾人体育协会关系

美国体育协会	国际体育协会	残疾类型
美国残疾人体育协会(DS/USA) 美国侏儒运动协会(DAAA)	国际残疾人体育协会(ISOD)	截肢,冬季残疾人体育项目 侏儒
美国特殊奥林匹克委员会(SO)	国际特殊奥林匹克委员会(SOI)	智力发育迟缓
美国聋人体育联盟*(USADSF)	国际沉默体育委员会(CISS)	聋人
美国盲人运动员运动协会(USABA)	国际盲人体育协会(IBSA)	盲人
美国脑瘫运动协会(USCPAA)	脑瘫国际体育与康复协会(CP-ISRA)	脑瘫、头部损伤 中风
美国轮椅体育协会(WSUSA)	斯托克曼德维尔轮椅体育联盟(SMWSF)	脊髓损伤 其他轮椅使用者

*美国聋人体育联盟不是残奥委会成员(参加世界聋奥会),World Games for the Deaf(WGD)

2011年,美国奥林匹克委员会的董事会创建了残奥委员会顾问委员会(Paralympic Advisory Committee, PAC)。该委员会向董事会和管理层提供建议,加强残奥会的规划和资源管理,履行为残疾人提供国家的领导和机会,

---

① Joseph P. Winnick. Adapted Physical Activity Education and Sport[M]. Human Kinetics,2000:39.

通过参与社区体育、娱乐和教育计划,发展残疾人独立性、自信心和健身的使命。[①] 残奥顾问委员会的成立有力地推动了美国国内残疾人奥林匹克运动发展,加强了残疾人体育组织与各单项协会之间的关系,同时在内涵服务方面更加注重体育对全面提升残疾人的身体健康和生活质量的作用。

2. 美国残疾人体育组织

美国残疾人体育组织的发展可以追溯到20世纪40年代,从"二战"战场归来的伤残士兵们为康复身体,自发地组织体育活动比赛,如轮椅篮球、轮椅竞速等,后来随着人数的增多、地域的拓展和项目的增加,越来越多的伤残人士加入体育活动中来,为便于活动的开展,一些地方的、全国性的民间残疾人体育组织陆续成立(表4-3)。[②] 目前美国残疾人体育组织有20多个,涉及几乎所有的残疾类别,如视力障碍、截肢、脊髓损伤、多发性硬化症、颅脑损伤、脑瘫、其他神经肌肉/骨科疾病、自闭症和相关智力残疾。运动项目涉及冬季与夏季体育项目、残奥与非残奥体育项目,比如高山滑雪、单板滑雪、冬季两项、独木舟、滑水、帆船、潜水、冲浪、漂流、单腿独木舟、钓鱼、远足、高尔夫、田径、射箭、自行车等40个不同的体育项目。这些全国性的残疾人体育组织为残疾人提供各种赛事、活动服务,活动目的兼具康复、竞技、休闲娱乐与教育等,不仅能满足残疾人自身的需求,改善周围社会环境和大众态度,还能推动国家政策和立法。

表4-3 全国性的残疾人体育组织一览表

国家级残疾人体育组织	类型	服务的残疾类别	体育项目	主要活动形式
美国盲人保龄球协会	单-单	视觉缺陷	保龄球	全国性地域性赛事
美国高尔夫盲人球手协会	单-单	视觉缺陷	高尔夫	赛事
国家轮椅篮球协会	单-单	轮椅使用者	篮球	赛事
美国盲人高尔夫协会	单-单	视觉缺陷	高尔夫	全国性地域性赛事
国家截肢者高尔夫协会	单-单	截肢者	高尔夫	全国性地域性赛事
美国轮椅保龄球协会	单-单	轮椅使用者	保龄球	赛事
国家盲人壁球协会	单-单	视觉缺陷	棒球	赛事

---

① Paralympic-Advisory-Committee[EB/OL]. http://www.teamusa.org/US-Paralympics/About/Paralympic-Advisory-Committee.
② 吴卅.美国残疾人体育组织研究:基于自组织理论视角[D].北京:北京体育大学,2013:81.

(续表)

国家级残疾人体育组织	类型	服务的残疾类别	体育项目	主要活动形式
国家轮椅垒协会	单-单	轮椅使用者	垒球	赛事
盲人滑冰协会	单-单	视觉缺陷	滑冰	赛事、教育
残疾人潜水协会	单-多	所有残疾类别	潜水	教育
残疾人长跑俱乐部	单-多	所有残疾类别	长跑	教育、竞技、休闲娱乐
美国矮人体育协会	单-多	侏儒	9个	全国性赛事地方性赛事、教育、休闲娱乐活动
美国无障碍体育	单-多	所有残疾类别	冲浪	教育、休闲娱乐
美国残疾人体育项目协会	多-多	残疾学生	6个	竞技
美国截肢者足球协会	单-多	截肢	足球	竞技
闪耀体育	多-多	残疾青少年	26个	竞技、教育
美国手轮车协会	单-单	轮椅使用者	自行车	竞技
残疾人水上运动协会	单-多	所有残疾类别	滑水	教育
美国盲人滑雪协会	单-单	视觉缺陷	滑雪	教育
美国轮椅橄榄球协会	单-单	轮椅使用者	橄榄球	竞技
美国截肢者曲棍球协会	单-单	截肢者	曲棍球	竞技

3. 美国残疾人体育俱乐部

2007年成立的美国残疾人体育俱乐部（Paralympic Sport Clubs，PSC）是美国残奥委会与全国各地的社区组织合作创建的（图4-3），目前已形成并覆盖美国48个州和华盛顿特区的225个残疾人体育俱乐部网络（图4-4）。如加利福尼亚州有15个、科罗拉多州17个、伊利诺伊州18个和得克萨斯州18个。[1]

残疾人体育俱乐部以社区为基础，鼓励有肢体和视觉残疾的青年和成年参与运动的项目。所有的残疾人体育俱乐部计划和活动都设在社区，并由当地组织负责运行。当地组织可能是一个公园和康乐部、非营利组织、康复医院、学校系统、大专/大学或其他以社区为基础的组织。俱乐部每年为近60万有运动和身体活动障碍的青少年和成人提供近30个不同的体育项目，目

---

[1] Paralympic Sport Club Annual Report 2015 [Z]. United States Olympic Committee，Paralympic Division，2016：3.

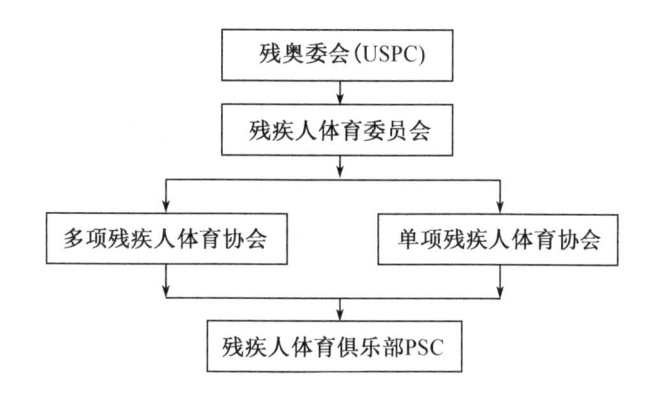

```
残奥委会(USPC)
    ↓
残疾人体育委员会
   ↙     ↘
多项残疾人体育协会   单项残疾人体育协会
          ↓
    残疾人体育俱乐部PSC
```

图 4-3　美国残疾人体育俱乐部的构成

的就是让更多的残疾人能够就近参与体育活动。虽然许多残疾人体育俱乐部专注于地方性比赛,但也提供参加国家和国际比赛的机会。残疾人体育俱乐部通过"卓越计划"提升俱乐部的影响力,美国残奥委会根据俱乐部发展情况设有三个级别,每个俱乐部每年可以从铜级申请,最高为黄金级,用于奖励俱乐部为残疾人体育做出的贡献。

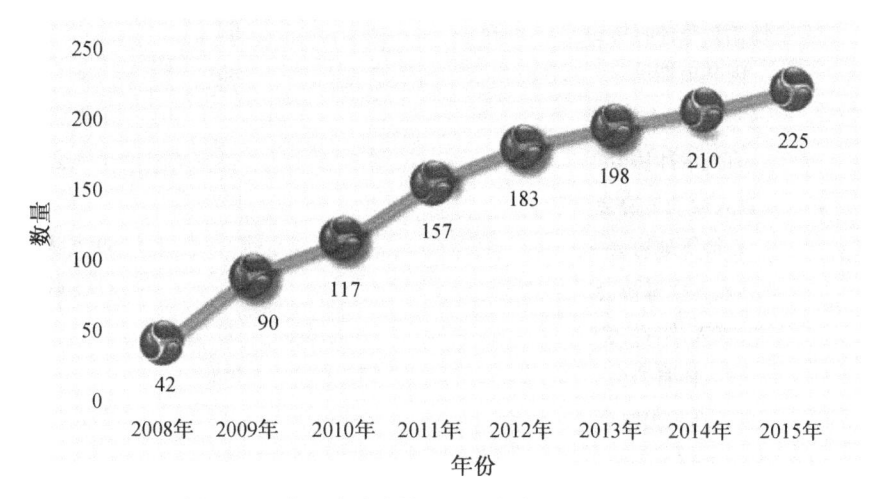

年份	2008年	2009年	2010年	2011年	2012年	2013年	2014年	2015年
数量	42	90	117	157	183	198	210	225

图 4-4　美国残疾人体育俱乐部数(2008—2015 年)

残疾人体育俱乐部的主要任务就是通过各种活动和教育培训为残疾人提供体育服务,培养更多的残疾运动员参加更高级别的比赛,让更多的残疾青少年、成人、退伍军人加入俱乐部体育活动中。残疾人体育俱乐部定期与美国残奥会、国家合作伙伴和赞助商合作,提供残奥会运动项目规划,其中既包括健全竞赛,也包括学校活动(表4-4)。[①] 美国残奥委会通过残疾人体育俱乐部进一步促进地方残疾人体育工作,分别在芝加哥、新英格兰、东南、得克萨斯州和西部5个地区设立了区域社区领导人,专门负责区域内残奥运动的开展。

表4-4 全国性残疾人体育组织、区域组织与俱乐部数量统计

全国性残疾人体育组织	区域性/个	俱乐部/个	个人会员/队伍
轮椅篮球协会	14	75	
盲人保龄球协会	4		
盲人滑雪协会			个人会员
残疾人橄榄球协会	8	43	
残疾人水上协会			个人会员
特殊奥林匹克运动委员会(美国本土)	50	105	
截肢者足球协会			165支队伍
残疾人体育项目协会			个人会员
美国无障碍体育	6	51	
侏儒竞技体育协会	9	62	
阿基琉斯国际		35	
残疾人潜水协会			个人会员
盲人滑冰协会			个人会员
盲人运动员协会	20	107	
轮椅篮球协会			89支队伍
残疾人壁球协会			37支队伍
残疾人体育协会		30	
聋人体育协会	25	143	
盲人高尔夫协会	6	32	个人会员
截肢者高尔夫协会	5	29	
轮椅保龄球协会		43	
轮椅体育协会	14	52	
轮椅垒球协会			19支队伍
闪耀体育	27	80	
手驱动自行车协会		28	

---

① 吴卅.美国残疾人体育组织研究:基于自组织理论视角[D].北京:北京体育大学,2013:90.

(三) 美国残疾人公共体育经费来源

美国残疾人公共体育经费主要来自3个方面,即政府财政支持、体育彩票和协会筹款。其中,协会筹款是美国残疾人体育经费的主要来源。首先,美国政府每年在公共体育的投入达到国内生产总值的1%左右[1],政府的财政主要用于社区场地设施建设,同时政府通过各种补贴,如免税、土地使用权转让、低价出租土地等政策为社区体育场馆建设提供财政补助。其次,美国作为世界头号彩票大国,有一套近百年完善的彩票运行体制,并且把发行体育彩票作为扶持体育事业的有力支持。[2] 美国是由各州自行决定彩票的发行量,并制定出相关的法律法规由各州的彩票委员会对体育彩票进行管理。体育彩票的盈利和税款大多用于体育基础设施建设、大型体育活动的筹备和运动员培养等,其余的部分也会分流给社区福利、教育基金等其他社会公益事业。[3] 最后就是来自社会的捐款,社会公众的捐款往往大于政府对体育的投入。美国残疾人体育协会每年拨付给各个州的资金达到100万美元,而这部分的资金大多都是来自企业或公司(48%)、基金会(14%)、个人(6%)以及其他和捐款(图4-5),经费主要用于体育运动项目开展(88%)、募款(8%)和协会的管理(4%)等(图4-6)。[4]

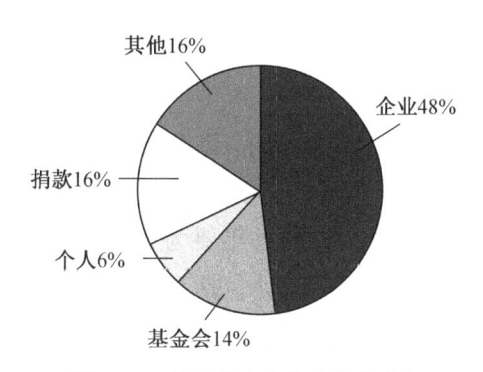

图4-5 美国残疾人体育资金来源
(资料来源:美国残疾人体育网站)

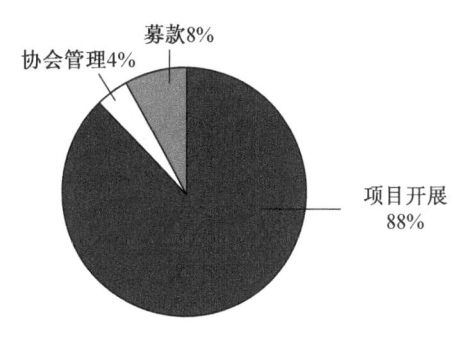

图4-6 美国残疾人体育资金用途
(资料来源:美国残疾人体育网站)

---

[1] 陈刚,乔均.公共体育服务体系建设:比较研究与创新探索[M].南京:江苏凤凰科学技术出版社,2015:50-51.
[2] 吴胜男,许晓彤,陈晓.中美体育彩票的比较研究[J].现代商业广角,2014(23):272-273.
[3] 美国彩票制度[EB/OL]. http://wenku.baidu.com.2013-4-13.
[4] Survey[EB/OL]. http://www.disabledsportsusa.org/about-us/survey.

社会慈善捐款也是美国奥运委员会和残奥委员会为美国队运动员和项目提供支持的基础。不像大多数的国家奥林匹克委员会，美国奥委会不接受联邦资助，全部资金都是由美国奥运会和残奥会基金会（United States Olympic and Paralympic Foundation，USOPF）提供，美国奥运会和残奥会基金会是一个独立的非营利组织，为美国奥运会和残奥会慈善资源的主要来源。[①] 由美国奥运会和残奥会基金会募集的所有资金都转到美国奥林匹克委员会，并通过该组织管理和使用这笔资金，这也是促进美国残奥运动发展和创新的重要经费来源。

（四）美国残疾人公共体育基础设施

美国在公共体育基础设施方面属于比较完善的国家之一，这一方面得益于联邦政府的《美国残疾人法》（Americans with Disabilities，ADA）给予的法律保障；另一方面，美国社会高度发达的经济和整个社会高度的纪律性和自觉性，为残疾人提供了享用公共和商业设施等权益保障的基础。美国联邦政府和地方政府主要负责为全民提供大型体育场馆的建设，社区、学校主要依靠地方体育协会或各个管理中心负责建设。社区生活圈的体育设施建设有最低标准，如一个游泳池、一个室内篮球场、两个网球场，基本能够满足社区周边大众的体育需求。

（五）美国残疾人公共体育活动开展

美国有组织的残疾人体育活动诞生于20世纪年代末，以各类民间性残疾人体育组织的纷纷建立为标志。美国残疾人体育协会负责每年在全国37个州超过100多个社区开展40多个不同的体育项目，每年要为大约60 000个残疾青少年、士兵和成年人提供服务，提供的体育运动包括高山和越野滑雪、单板滑雪、冬季两项、独木舟、滑水、帆船、潜水、冲浪、漂流、支腿独木舟、钓鱼、远足、高尔夫、田径、射箭、自行车、跑步/旋转、攀岩、马术等。美国残奥会也支持各地残疾人体育俱乐部、社区为残奥会培养运动员，学校也提供各种融合体育机会，如俄亥俄州高中体育协会增设轮椅田径运动，可以参加全市田径比赛。残疾人体育俱乐部定期通过与美国残奥会、合作伙伴和赞助商合作为残奥会提供支持，包括培训教育和程序开发课程支持残疾人体育俱乐部。

---

① Foundation. [EB/OL]. http://www.teamusa.org/us-olympic-and-paralympic-foundation.

二、英国的残疾人公共体育服务体系

英国是全球最早建立的福利国家,也是世界公认的公共服务较为完善、服务水平较高、医疗卫生公共服务体系最好的国家。根据2019—2020年最新数据,英国有1410万残疾人,占比22%。在英国,盲人人数超过225万,25岁或更年轻的失明或弱视约有4万人,到2020年盲人人数会达到400万。失聪或重听人估计有900万人,一半的有失聪或重听人是成年人,在全英国大约有200万人使用助听器,每年有超过800人先天耳聋婴儿出生。英国轮椅使用者有1.2万人,轮椅使用者绝大多数是60岁或以上,占英国所有轮椅使用者的三分之二以上。近100万人被认为有学习障碍,10%的15岁或更年轻的孩子有心理障碍。每年出生的脑瘫患儿有1800.6%(超过750 000)的儿童有残疾,并且大部分来自低收入家庭。① 统计数据也显示,残疾更有可能影响到低收入、失业或低学历的个体。据英格兰体育官网报道,残疾人参加体育活动的男性为55%,女性为45%;每周残疾人参加体育活动的男性为20.7%,女性为16.8%②;每周残疾人参加体育活动年龄分布情况为:16~19岁的占为50%,20~25岁的占41%,26~29岁的占41%,30~34岁的占31%,35~44岁的占27%,45~54岁的占19%,55~64岁的占15%,64岁以上的占10%。③ 不同残疾类别每周参加运动的比例也不同,最多的是自闭症,每周在21次(图4-7)。残疾信息公布也显示,自2005年以来经常参加运动的残疾人数量,2011年达到1 739 000人(图4-8)。④

---

① Disability Sport[EB/OL]. http://www.disabilitysport.org.uk/facts-and-figures-about-disabled-people-in-the-uk.html.

② Disability Sport[EB/OL]. https://www.sportengland.org/our-work/disability-sport/disability-infographics/.

③ Disability Sport[EB/OL]. https://www.sportengland.org/our-work/disability-sport/disability-infographics/.

④ Disability infographics[EB/OL]. https://www.sportengland.org/our-work/disability-sport/disability-infographics/.

残疾人参加体育活动的性别比例

男 55% / 女 45%

不同年龄段每周参加体育运动的比例

- 16~19岁: 50%
- 20~25岁: 41%
- 26~29岁: 41%
- 30~34岁: 31%
- 35~44岁: 27%
- 45~54岁: 19%
- 54~64岁: 15%
- 64+岁: 10%

每周参加残疾人的性别比例

男 20.7% / 女 16.8%

不同残疾群体参与体育运动的比例

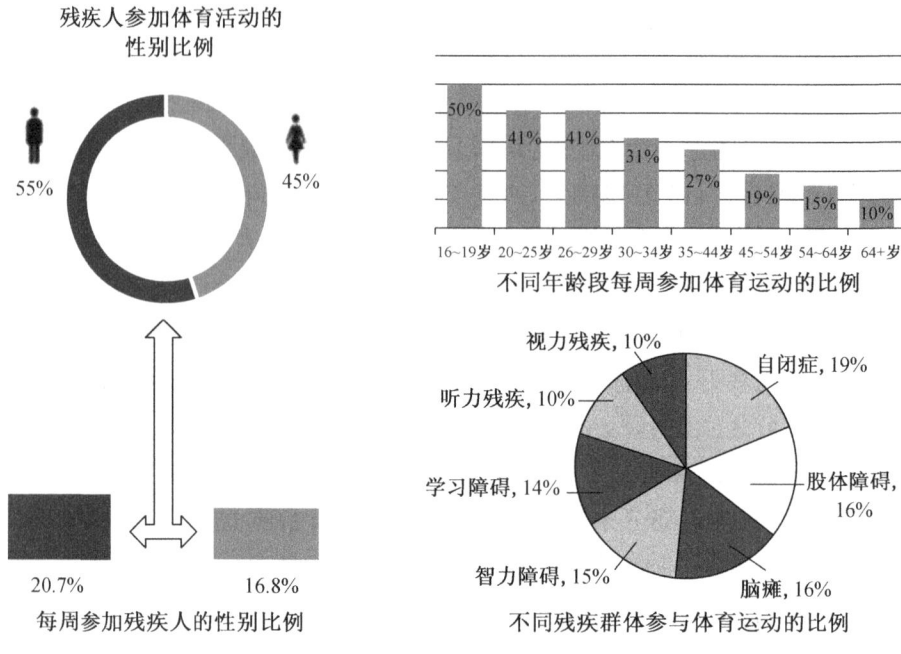

- 视力残疾, 10%
- 自闭症, 19%
- 听力残疾, 10%
- 肢体障碍, 16%
- 学习障碍, 14%
- 脑瘫, 16%
- 智力障碍, 15%

图 4-7 性别/年龄/残疾类型

（资料来源：英格兰体育网）

经常运动的残疾人数量

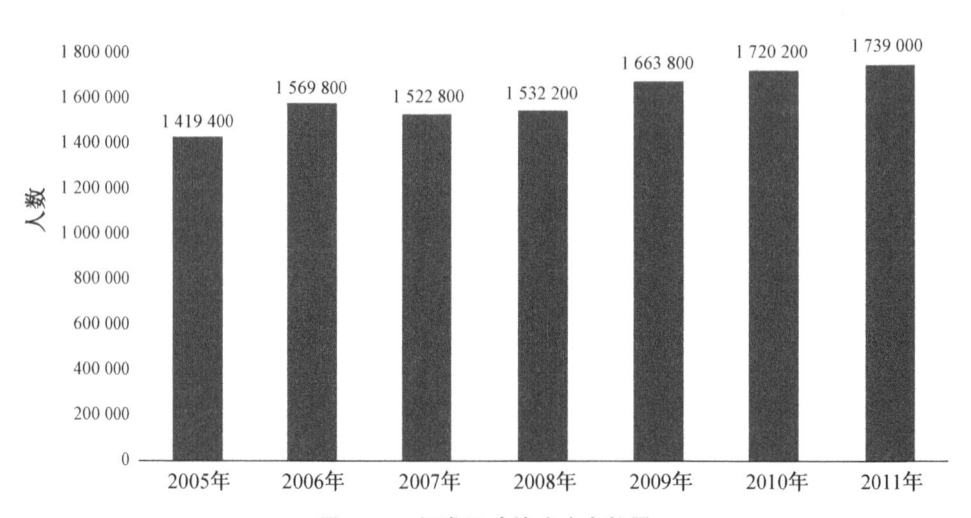

年份	人数
2005年	1 419 400
2006年	1 569 800
2007年	1 522 800
2008年	1 532 200
2009年	1 663 800
2010年	1 720 200
2011年	1 739 000

图 4-8 经常运动的残疾人数量

（资料来源：英格兰体育网）

(一) 英国残疾人公共体育政策法规

英国作为众多现代体育项目的发源地,同时作为残疾人体育以及奥林匹克运动的发源地,无论是在体育运动的职业化方面,还是全民体育普及方面都处于世界领先水平。英国政府相继出台了一些面向大众和残疾人的体育政策法规。体育政策也经历了几次大的改变:① 18世纪50年代对一些体育活动内容的控制。② 19世纪强调体育场地设施供给和大众体育的理论支持。③ 20世纪80年代体育有效需求思想的提出,制定《未来十年体育规则》。[①] 现阶段英国体育政策发展的核心就是为民众提供公平机会,培养残疾人参与社区体育意识,提高参与率。[②] 英国政府从大众体育(sport for all)到2000年颁布的《大众体育的未来》(A Sport Future for All),其目的就是让不同年龄、不同社会阶层的人参与体育运动。《竞赛计划》对进一步实现大众参与体育活动和高水平竞技运动做出目标规划,不仅显示出政府的大力投资,也表明对弱势群体的关注。2008年颁布的《英格兰体育战略》主要通过对新的社区体育发展战略的实施,让更多人参与体育运动,提高人们参与体育运动的满意度。同时为了促进社会对残疾人的正确认识和尊重,英国政府先后制定了相关的法律政策。1601年制定的《济贫法》是英国最早以国家法律对贫困规定的实施办法;1942年发布了著名的《贝弗里奇报告》,该报告成为"二战"后英国的社会保障制度的纲领性文件,随后相继颁布的《国民保险法》《国民救助法》《国民医疗保健法》为英国国民提供了全方位的社会保障制度,也奠定了英国福利国家的基础;1965年《伦敦政府法》提出了为残疾人、老年人、智障等提供全局性的服务;1995年颁布了《反残疾人歧视法》;2005年颁布了《残疾人反歧视法修正案》;2010年审核通过《联合国残疾人权利公约》和《残疾人平等法案》:这一系列的法律政策都为残疾人在日常生活、权利平等以及参与各项活动提供法律依据。

(二) 英国残疾人公共体育组织机构

英国体育组织管理是一种国家宏观调控,全社会共同参与管理和经营的体育管理体系。[③](图4-9)

---

① 曹可强,刘新兰.英国体育政策的变迁[J].西安体育学院学报,1998,15(1):13-16.
② 王志威.英国体育政策的发展及启示[J].上海体育学院学报,2012,36(1):5-10.
③ 王英峰.英国体育管理组织体系研究[D].北京:北京体育学院,2010.

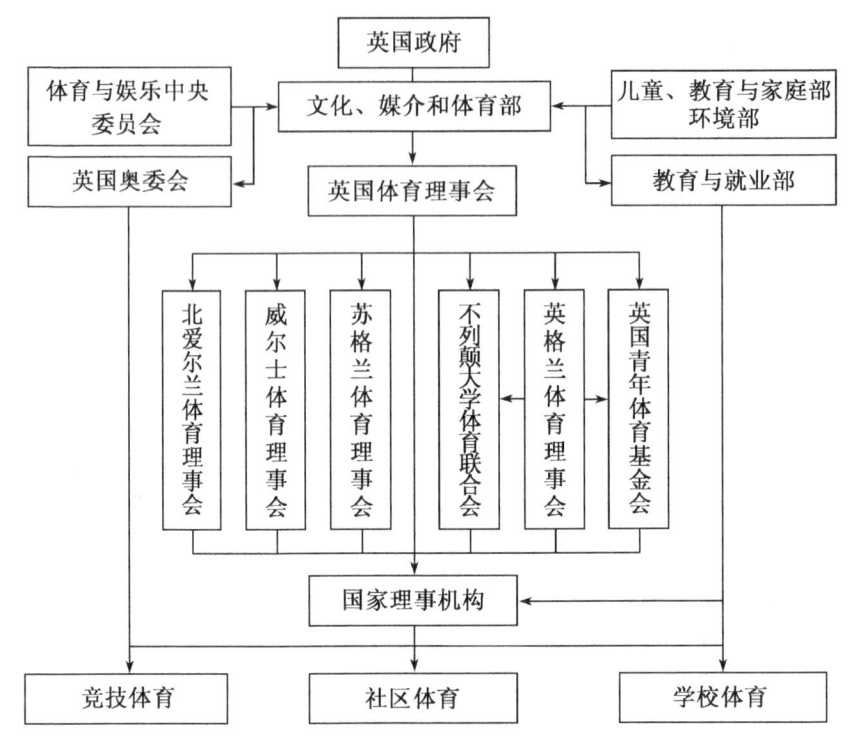

图 4-9 英国体育组织管理机构示意图

英国文化、媒介和体育部主要负责管理国家体育事业,负责制定体育政策和指导方针及国家财政支持,下设体育娱乐部,负责国家体育政策制定、资金使用等社区体育;环境部负责户外运动;教育与就业部负责教育学校(包括特殊教育学校)的体育工作。体育与娱乐部又分为 4 个处,而残疾人体育工作以及残奥会主要由二处负责(表 4-5)。[①]

表 4-5 英国体育与娱乐部各处室的主要职能

处室	主要职能
一处	监督英国体育运动理事会、妇女体育,预审体育与中央理事会的关系和英国体育论坛的关系
二处	负责管理残疾人体育、城市体育、学校体育及设施的使用、体育道德、体育比赛和精英体育

---

① 陈刚,乔均.公共体育服务体系建设:比较研究与创新探索[M].南京:江苏凤凰科学技术出版社,2015:240-256.

(续表)

处室	主要职能
三处	体育竞技、体育基金、税收政策、运动与艺术基金促进大众体育的普及、乡村和水上娱乐、体育设施规划
四处	国际事务、与欧洲理事会的联络、与英国奥林匹克联合会的联络、主持申办大型体育活动

残疾人公共体育事务主要是由社会力量包括非营利性组织、慈善机构、体育俱乐部等组织和管理。目前英国各类的残疾人体育组织有1万多个,根据残疾类型的不同,各组织的活动侧重点各不相同。如英国学习障碍者体育协会(UKSA)主要是从最基础的体育学习开始培养学习障碍者,帮助他们通过体育教育融入社会;再如英国残疾人体育协会(EFDS)和曼彻斯特残疾人体育活动中心主要是为残疾人提供各种体育运动的机会和体验[①],还有一些最大和最活跃的残疾人国家体育组织(表4-6)。英国残疾人体育(Disability Sport)就是一个为残疾人提供国内和国际运动和娱乐机会的组织,该组织的使命是为听力、视觉、身体和智力障碍的人,通过提供一系列广泛的体育和体育组织的信息,让他们能够参加各种残疾人体育活动。

表4-6 英国主要的残疾人体育组织

残疾人体育组织	简称	成立时间	服务残疾类型	主要工作内容
英国学习障碍者体育协会	UKSA	1980年	学习障碍的人	通过体育参与改善人的学习障碍,促进他们的教育和社会融合。
英国聋人体育协会	UKSD	2003年	聋人	积极地鼓励聋人参与体育活动和体育赛事,2006年以来,UKSD是欧洲聋人体育组织(EDSO)和国际体育委员会为聋人(ICSD)的成员。
英国特殊奥林匹克委员会	GBSO	1968年	智力障碍	促进智力残疾儿童和成人获得参与体育运动机会
英国轮椅赛车协会	BWRA	1923年	肢体残疾	自愿的组织,捐款资助。
英国轮椅田径协会	BWAA	1980年	肢体残疾	为轮椅田径提供支持、指导和培训,以及为残疾运动员提供参加竞争的机会

---

① 杨慧婷,张效江.英国残疾人体育发展的成功要素与借鉴[J].体育文化导刊,2015,(7):87-90.

(续表)

残疾人体育组织	简称	成立时间	服务残疾类型	主要工作内容
英国盲人体育协会	BBS	1975 年	盲人和部分失明的人	鼓励视力残疾人士参加体育娱乐和竞争,促进社交互动。
英国脑瘫体育协会	CP	1960 年	脑瘫患者	鼓励脑性瘫痪患者参加运动和体育活动,并为他们提供机会,与志同道合的机构建立伙伴关系,改善脑瘫儿童和成人运动环境

(三) 英国残疾人公共体育经费来源

英国用于残疾人社区体育、竞技体育的资金大部分经费来自国家财政拨款和彩票基金,这部分资金主要由英国体育理事会和英格兰体育理事会共同负责。1996 年之后,英国政府利用国家财政拨款和彩票基金专项拨款大力发展"全民健身计划",用于发展大众体育事业,包括残疾人体育。每年英国体育理事会(UKSPORT)投资 1 亿英镑直接资助 1 200 名奥运会和残奥会选手用于夺金计划。一般的学校、社区体育赛事经费主要来自商业赞助,还有一部分是社会团体自筹,用于社区俱乐部半公益性质的微利或无营利的模式运营。自 2012 年以来,英格兰体育组织将残疾运动作为其工作的一个重点,目前投资超过 1.7 亿英镑,吸引更多的残疾人参与体育运动,同时提供各种各样的资金流,开办不同的资助计划,满足较小的项目或俱乐部的需求。据英格兰体育官网公布的残疾投资信息,英格兰体育向残疾人体育投资的总额以及具体的投资项目总投入为 1.7 亿英镑,其中体育资助项目投入 9 150 万英镑、无障碍设施投入 4 700 万英镑、7 个国家残疾运动组织投入 137 万英镑、英格兰残疾人体育联合会投入 198 万英镑、2013 年听障奥运会投入 134 万英镑、塞恩斯伯里融合社区培训的活跃儿童项目投入 100 万英镑、特奥国家夏运会投入 191 万英镑、装备投入 115 万英镑、融合运动投入 1 820 万、新项目投入 800 万英镑(图 4-10)。[①] 其中如英国政府将融合运动列为最近资金投入的重点项目,主要用来改善残疾人体育部门提供专业知识,目前已由国家彩票基金投入 1 820 万英镑、87 个项目让更多的残疾人参加体育运动。

---

① Disability infographics [EB/OL]. https://www.sportengland.org/our-work/disability-sport/disability-infographics/.

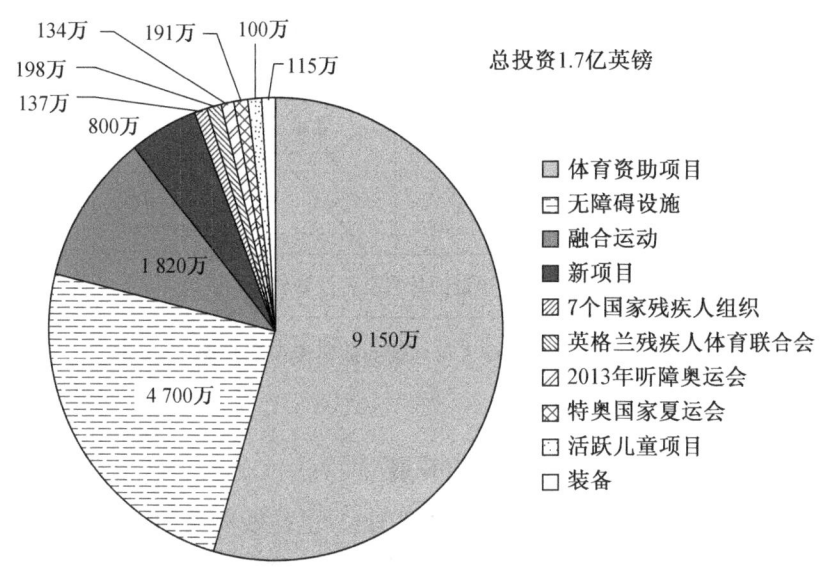

| 第四章 国外残疾人公共体育服务的经验借鉴与启示 |

图 4-10 残疾投资信息(单位:英镑)

(资料来源:英格兰体育网)

(四)英国残疾人公共体育基础设施

随着英国"全民健身计划"的推行,在社区体育中心、社区俱乐部,按照设施标准为残疾人提供充足的体育运动器材和运动环境,残疾人基本上都可以享受到社区体育中心、社区俱乐部提供的健身场地和器材。2013年大约有569个健身场所投入使用,有80%以上的残疾人投入和参与到运动当中。英国政府非常重视无障碍设施的建设,及时地改善与提高残障人的社会需求,加大对残障人基础设施建设、活动场所、活动资金等的投入,为残障人提供体育活动的硬件设施。2012年初,英国政府启动的《英格兰体育理事会青少年和社区战略(2012—2017)》指出,英格兰全部的4 000多所中学都将拥有一个社区体育俱乐部。据英格兰体育网公布的残疾投资信息,通过基金可以申请到残疾人最普通的体育设备和器材,如轮椅、盲人门球及设备、硬地滚球及设备、适应性帆船及设备、适应性赛艇。(图4-11)

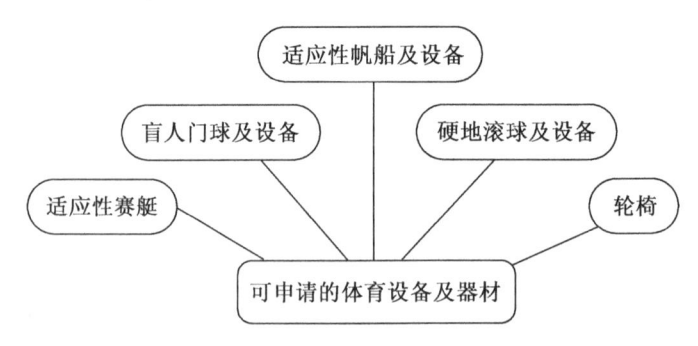

图 4-11　残疾人可申请的体育设备与器材

（资料来源：残疾人体育网）

（五）英国残疾人公共体育活动开展

英国是最早举办残疾人体育赛事的国家，也是残奥会的发源地。澳大利亚医生乔治(Bedbrook，1921—1991)被认为是英联邦截瘫运动会的国父，在他的领导和倡议下，从1962年起举办英联邦截瘫运动会，该运动会成为残疾人最大的国际综合运动会。[①] 1948年伦敦奥运会期间，英国神经科医生路德维希·古特曼(1899—1980)爵士和一些热心人士组织脊椎伤残的"二战"老兵进行体育比赛，后被称为残奥会(Paralympic Games)的起源。目前英国政府先后设立了"残疾人自强日""国家残奥日"等残疾人主题节日，通过丰富多彩的主题日活动，鼓励残疾人与家人、朋友一起参与到体育运动中，让更多的社会人士加入关爱残疾人中。英国每年还会举办一些大型的国际赛事以及一些国内残疾人体育比赛，如每年在曼彻斯特举办的残奥世界杯(Paralympic World Cup)已成为世界顶级残疾人体育赛事之一，永不言败比赛(Invictus Games)是从2014年起，在伦敦的伊丽莎白女王奥林匹克公园为残疾人以及伤残士兵举办的国际综合运动会。[②] 据英格兰体育网公布的残疾信息，残疾人经常运动的比例从2005年的15.1%上升为2011年的18.5%，非残疾经常运动的比例从2005年的37.8%上升到2011年的39.2%，两者比例在逐渐缩小，可见残疾人常运动的比例逐步上升。同时调查也显示，残疾人最喜欢的运动项目排名分别为游泳、体操、体适能、骑行和

---

① Commonwealth Paraplegic Game [EB/OL]. http://www.disabilitysport.org.uk/commonwealth-paraplegic-games.html.

② Sports Competitions for Disabled Athletes [EB/OL]. http://www.disabilitysport.org.uk/sports-competitions-for-disabled-athletes.html.

田径(图4-12和图4-13)。①

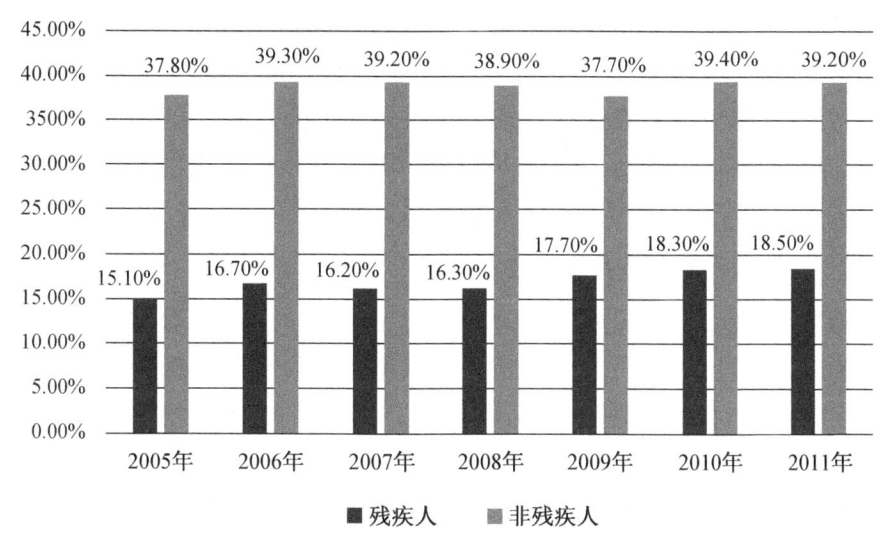

图 4-12 非残疾人和残疾人常运动的比例

(资料来源:英格兰体育网)

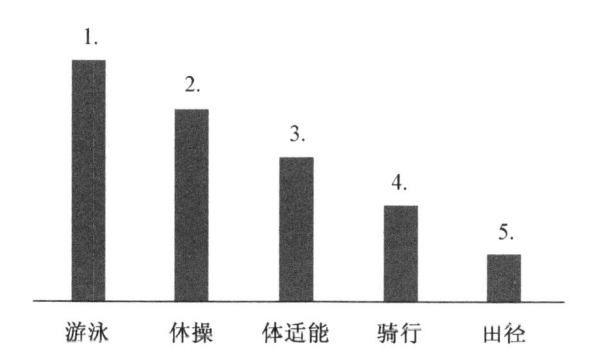

图 4-13 残疾人最喜欢的运动项目排名

1. 游泳　2. 体操　3. 体适能　4. 骑行　5. 田径

(资料来源:英格兰体育网)

三、日本的残疾人公共体育服务体系

日本有着"残疾人宜居国度"的美誉,其无障碍设施、残疾人辅具设施研发等都在世界前列,日本的残疾人体育事业在亚洲甚至是全世界都处于领先

---

① Disability infographics [EB/OL]. https://www.sportengland.org/our-work/disability-sport/disability-infographics/.

地位。① 根据日本厚生劳动省调查,日本残疾人总数为744.3万人,占日本总人数的6％。② 其中身体残疾351.6万人、视力残疾30.5万人、智力障碍45.9万人,精神残疾258.4万人,多重残疾17.9万人。③ 日本政府通过政府购买、补贴和减免费用等供给方式为残疾人提供公共服务。④ 随着日本"小政府"改革的推行,逐步形成了政府、社会组织、其他社会成员等公共部门共同提供的较为完善的残疾人公共服务体系。

(一) 日本残疾人公共体育政策法规

随着与残疾人相关的法规和政策的制定,日本的残疾人公共服务体系可以分为三个阶段:第一阶段是残疾人公共服务缺失阶段。残疾人主要依靠1874年颁布的《恤救规则》享受国家救济。1929年制定的《救护法》取代《恤救规则》规定残疾人由国家给予救济,残疾人主要由家庭负担,国家没有相关的政策。⑤ 第二阶段是服务机构化阶段。1949年、1950年、1960年,日本政府针对不同的残疾类别,相继制定并出台了《肢体残疾人福利法》《精神残疾人福利法》和《智力残疾人福利法》,这三部法律有效维护了残疾人的基本权利⑥,也为保障残疾人福利支持提供了法律依据。为了进一步提升高效、协调的为残疾人的服务水平,1970年日本政府颁布了《智力、肢体残疾人基本政策法》,该法律明确将残疾人体育娱乐活动纳入其中。第三阶段是去机构化阶段。1993年日本政府对《智力、肢体残疾人基本政策法》进行修改,并将其正式更名为《残疾人基本法》,进一步要求地方政府为残疾人的康复、体育、娱乐活动进行战略性规划。⑦ 1982年日本政府提出了第一个残疾人长期政策时间为1983—1992年,随后又提出第二个残疾人长期政策(1993—2002年)和第三个残疾人长期政策(2003—2012年)。

20世纪50年代之前,日本没有制定任何有关残疾人体育的相关法律,20世纪50年代之后,1961年日本颁布了《体育振兴法》,2011年改为《体育

---

① 高晶,胡静萍.日本残疾人体育政策、法律的发展研究[J].学理论,2014,(31):102-103.
② 李波,岩岗研典,朱琳琳,等.中日残疾人体育指导者培养体制及资格认定比较分析[J].体育与科学,2014,35(3):101-110.
③ Disability in Japan [EB/OL]. https://www.disabled-world.com/news/asia/japan/japan.php2010-03-14.
④ 张汝立,等.外国政府购买社会公共服务研究[M].北京:社会科学文献出版社,2014:1-145.
⑤ 张汝立,等.外国政府购买社会公共服务研究[M].北京:社会科学文献出版社,2014:31-137.
⑥ 张汝立,等.外国政府购买社会公共服务研究[M].北京:社会科学文献出版社,2014:31-145.
⑦ 高晶,胡静萍.日本残疾人体育政策、法律的发展研究[J].学理论,2014,(31):102-103.

基本法》,该基本法明确了国民的体育权,增加了残疾人体育的服务保障,提出分层分类保障残疾人自主参加体育活动。该基本法最终的目的是通过参加体育活动,改善、促进国民身心的健康状况。1963 年、1966 年日本厚生劳动省和日本政府先后发布通知,要求各级地方政府积极采取措施,促进以社区为基础的残疾人体育娱乐活动的开展。1964 年奥运会之后,日本开始重点发展公共体育,2008 年体育人口占比达到 55%,远远地走在亚洲前列。2000 年和 2010 年日本政府先后出台《体育振兴基本计划》和《日本体育立国战略》,为日本构建终身体育社会和国家基本政策提出制度安排。2012 年通过的《体育基本计划》要求提高社区和学校学生体育参与体育运动的机会。[①]2013 年日本体育协会推出《21 世纪国民体育振兴计划》,目的是要进一步加强从国家到社区的体育组织管理,促进民间体育组织的发展。(表 4-7)1964 年和 1998 年日本成功举办两次残奥会,大大提升了国民对残疾问题的认识,也为日本残疾人公共体育发展奠定了良好的基础,加快了日本残疾人公共体育的发展。

表 4-7 2000 年以来日本主要体育政策

年份	发布部门	政策
2000 年	文部科学省(公告)	体育振兴基本计划
2000 年	文部科学省体育青少年局竞技体育科(通知)	关于国体简朴化基本方向的通知
2000 年	文部科学省(省令)	关于体育指导者知识、技能审查事业的认定规程及名称的规定
2002 年	文部科学省(省令)	关于体育彩票对象、参赛运动员、教练员及裁判员等相关人员的规定
2002 年	文部科学事务次官(通知)	关于学校完全实施每周 5 日工作制的通知
2002 年	国会立法	日本体育振兴中心法
2003 年	文部科学省体育青少年局长(通知)	关于游泳等事故预防的通知
2004 年	文部科学省体育青少年局长(通知)	关于连休时期登山事故预防的通知
2004 年	文部科学省体育青少年局长(通知)	关于冬季登山事故预防的通知

① 景俊杰,肖焕禹.21 世纪日本体育政策的发展与启示[J].上海体育学院学报,2014,(1):31-40.

(续表)

年份	发布部门	政策
2006 年	文部科学省(公告)	体育振兴基本计划(修订版)
2010 年	文部科学省(公告)	体育立国战略
2011 年	国会立法	体育基本法
2012 年	文部科学省(公告)	体育基本计划
2013 年	日本体育协会	21世纪国民体育振兴计划

(二) 日本残疾人公共体育组织机构

日本残疾人体育在政府的主导下,依靠残疾人体育协会和体育民间组织,通过中央政府—都道府县—市町村三级管理实施。文部科学省是日本最高的体育行政管理机构,下设体育局理事,体育局理事由政策部门、体育卫生部门等6个部门组成(图4-14)。

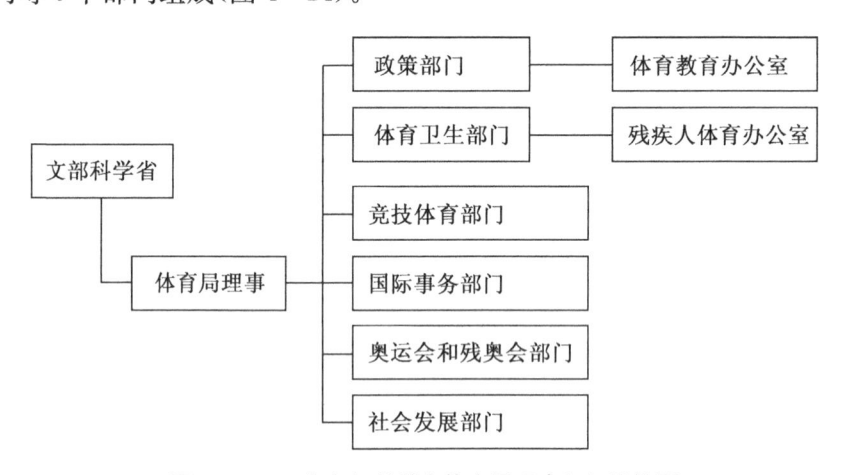

图 4-14 日本文部科学省体育局理事组织结构图

1965年成立日本身体障碍者体育协会,该协会1999年改名为日本障碍者体育协会,负责全国残疾人体育的事务工作,业务范围包括举办全国残疾人体育大会和各种比赛、残疾人体育指导员培训、运动员集训等(图4-15)。[①] 该协会在政府的支持下大力提倡建立大型的地域性综合体育俱乐部,以便为残疾人提供更多与健全人交流的机会,使其回归主流社会。1999年还设立日本残疾人奥林匹克委员会,2000年日本障碍者体育协会加盟日本体育协

---

① 黄亚茹,中川一彦,李红.日本残疾人协会及其职能[J].山东体育学院学报,2007,(5):14-16.

会。日本的残疾人的体育中心有20多个,主要用于残疾人的体育培训、指导、康复医疗咨询、健身活动,残疾人可以免费试用中心的体育设施和康复训练,并定期地举办比赛和活动。还有如学校体育设施、户外体育设施,残疾人都可以免费使用。

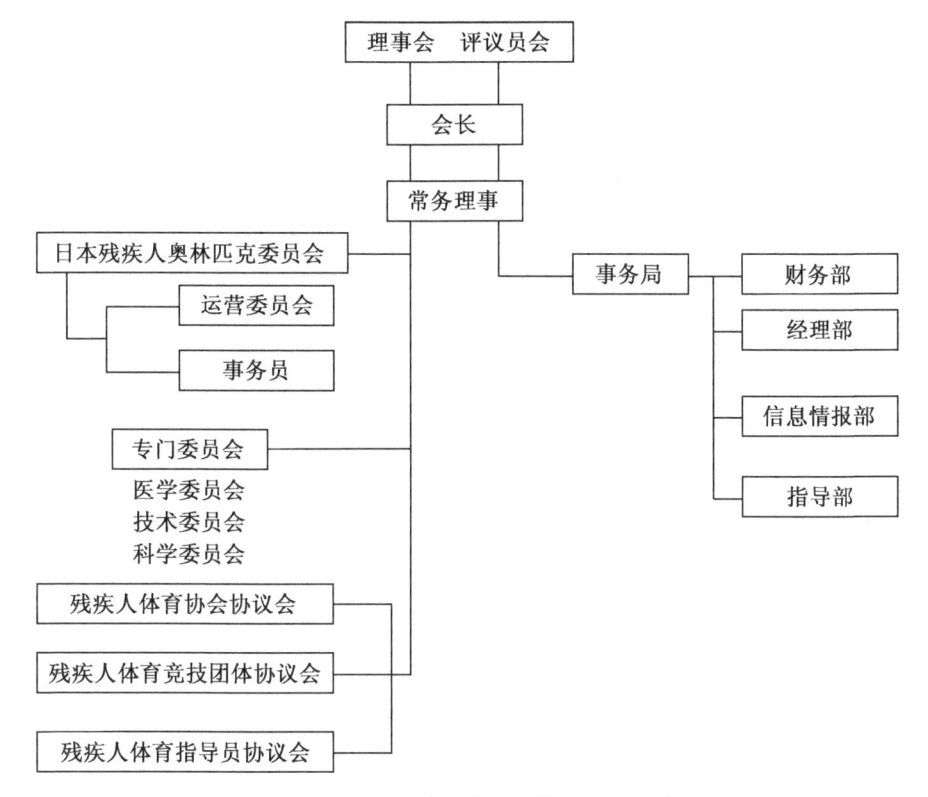

图4-15 日本障碍者体育协会组织机构

(三)日本残疾人公共体育经费来源

在日本,用于残疾人体育活动、比赛组织和管理的资金来源主要为国家财政补贴、社会募集以及民间财源。国家财政补贴是由中央和地方两个方面构成,主要用于设施建设和组织培育,占比只有30%,其余的70%主要是依靠振兴体育彩票和民间财源补给。如2014—2015年文部科学省大众体育预算为255亿日元(折合人民币14亿元),2002—2012年体育彩票用于青少年健康、体育交流等总额达到571亿日元。[①] 个人或公司可以通过日本体育官网(Japan

---

① 刘国永,杨桦.中国群众体育发展报告2014[M].北京:社会科学文献出版社,2014:1-307.

Sport)向体育发展基金、国立体育科学中心等捐款,并获得个人或公司税收优惠。

(四)日本残疾人公共体育基础设施

日本举办了两届残奥会,国内的无障碍设施包括大型场馆、体育俱乐部、学校体育设施都有严格的标准,日本政府按照《体育振兴基本计划》《都市公园法》《21世纪国民体育振兴计划》等法律法规从政策层面上保障公共体育基础设施的建设。日本的公共体育设施完善标准按照生活圈分为社区级、市村和都道府县三个地域类型。如社区级标准:运动广场1 000平方米、球场2 200平方米、社区体育馆面积720平方米、柔道面积300平方米、游泳池面积25平方米(6—8条泳道)、楼梯(扶手要适合障碍者和老年者)。市村设施的标准:体育馆面积3 000平方米、柔剑道馆面积400平方米、游泳池50平方米或25平方米(8条泳道),拥有娱乐室、保健咨询室等。都道府县设施的标准可用于全国规模运动会、全省体育运动会。

(五)日本残疾人公共体育活动开展

日本政府于1961年颁布《体育法》,决定每年的10月10日为"体育节",文部省、县级地方政府联合举办"国民体育大会"和"全国少年体育大会"。1965年厚生劳动省每年举办肢残运动会。日本政府将12月9日定为"残疾人日",从2001年起每年举办一次全国残疾人运动会,比赛项目以群众体育项目为主,如羽毛球、肢残垒球、飞盘、高尔夫球、视障地垒球、网球、智障篮球、足球、垒球、电动轮椅足球、潜泳、盲人乒乓球、花样泳(健与残)、无差别垒、轮椅射箭、轮椅篮球。日本特殊学校的在校学生人数约为10万人,据学校体育联合会的统计,盲人中学、高中的体育参加率一般为90%,主要有游泳、柔道(或剑道)、球类和田径等项目。聋校和培智学校则能达到近100%,项目与普通学校相差无几。

第二节 国外残疾人公共体育服务的经验启示

长期以来,我国的残疾人公共体育服务处于计划经济下的政府垄断状态,供给不足,服务内容单一,城乡和区域之间体育资源分布不均,残疾人群众体育远远落后于竞技体育发展,参与率不高。随着经济社会发展,残疾人群体需求不断扩大,供需矛盾日渐突出,社会环境发生急剧变化,要求政府转变职能和管理方式,打破政府行政垄断,调整结构,有效地建立与经济社会发展相适应的公共服务体系。英、美、日等发达国家的公共服务改革的实践和经验,对我国深化公共服务改革、完善公共服务体系具有重要的借鉴和启示作用。

一、建立与经济社会发展相适应的残疾人公共体育服务体系

国外实践表明,公共服务体系的建立必然是与国家的经济发展相适应的,欧美经济发达国家公共体育服务体系根据各自不同的政治、经济和社会文化水平,经过不断调整、改革和完善,在实践中探索,形成了与本国经济社会发展相适宜的公共服务体系。如美国的市场化、英国的福利型、日本的政府主导,最终都是以满足公民最基本的体育需求为导向,实现公益性、社会性的服务。我国的残疾人公共体育服务尚处于起步阶段,残疾人人口总量大,老龄化趋势严重,经济发展水平与发达国家还有一定的差距,公共服务支出GDP和人均公共服务资源占有率都很低[1],2009年日本残疾支出占GDP的比重为0.4%,美国为1%,英国达到2.4%。所以我国需要国家加大公共服务投入,以改善我国残疾人公共体育服务状况。不同的社会价值观和服务理念形成的公共服务制度也不同,英国政府秉持公民本位,以公民为中心的价值理念[2],通过区别对待让残疾人达到普通民众的水平;美国则是强调平等对待,机会均等;日本则强调政府主导,行政措施。

现阶段在构建残疾人公共服务体系过程中,最关键的是需要建立与我国经济发展相适应、与我国提倡的社会主义核心价值观相一致的残疾人公共体育服务体系,要树立以人为本,促进残疾人全面发展的核心价值观和服务理念,增能赋权。一方面,残疾人要通过积极主动发挥参与权、活动权、发展权融入体系建设中[3];另一方面,全社会要形成正确的残疾观,消除障碍,营造平等参与融入的社会环境。通过体系的构建让更多的残疾人能够实现自己的诉求,权益能够得到保障,能够有尊严地活着。

二、不断完善残疾人公共体育服务的法律和制度建设

国外残疾人公共体育服务体系建设十分重视提供相关的法律政策保障,

---

[1] 姜晓萍.建设服务型政府与完善地方公共服务体系[M].北京:中央编译出版社,2015:1-761.
[2] 叶响裙.公共服务多元主体供给理论与实践[M].北京:社会科学文献出版社,2014:1-64.
[3] 李坚.民间助残组织的赋权功能及实现途径分析[J].残疾人研究,2014,(3):8-12.

有法可依、依法治理成为各级政府规范公共体育服务的制度保障。美国、英国、日本是以法制为基础形成完善的法律法规框架体系和规范的机构管理制度,为残疾人提供全面服务。例如,日本的《体育基本法》提出国民体育权,增加残疾人公共体育服务保障内容。①

我国有8 000多万残疾人,在建设残疾人公共体育服务体系的过程中,不能脱离我国的经济、社会发展现状,需要从制度上予以保障,从中央到地方政府可以依照相关的法律、政策不断强化政府公共服务职能,为残疾人提供以政府主导、各组织相互协调、残疾人参与的公共体育服务,形成适合公共服务需要的行政体制机制。通过建章立制、优惠和普惠政策的引领,为残疾人能够更好地融入主流社会,维护残疾人的基本权利,创建平等的人文社会环境提供政策和法律赋权。同时,政府要不断加大对公共体育服务的投入,鼓励和引导社会资金以多种渠道和多种方式广泛参与公共体育服务供给,建立以公共服务供给为导向的公共财政体制。以2003年为例,欧美发达国家用于公共补贴、拨款以及其他社会福利的支出占中央政府总支出的60%左右。② 由此,我国的残疾人公共体育服务体系建设一方面需要扩大支出额度,保障供给的可持续性,另一方面需要国家财政福利彩票、体育彩票中拿出一部分专项资金,通过政府引导资金、彩票资金等对社区、街道、农村残疾人公共体育设施、活动组织提供专项资金保障,从而解决活动难搞、活动无经费等那些困扰基层组织实施的具体问题。

三、创新公共服务方式,实现多元主体的残疾人公共体育服务供给

国外的经验表明,政府、社会组织、企业和个人的多元主体合作打破政府垄断公共体育服务供给格局,从而实现公共体育服务供给更加有效、更加经济、更加灵活、更加人性化。③ 美国、英国和日本在长期的探索和实践中,摸索出大量的公共服务方式,如通过引入市场化与社会化机制,以公共利益为导向,采取服务外包、政府购买、特许经营、用者付费、凭单制、志愿服务等多种方式,将政府、市场、社会组织有机结合起来,充分发挥社会、市场、社会组织在公共体育服务供给中的作用,形成更为合理、更高效的多元化运行机制。可以借鉴这些经验改变我国长期以来依赖政府单一供给的模式,充分发挥市

---

① 刘国永,杨桦. 中国群众体育发展报告2014[M]. 北京:社会科学文献出版社,2014:1-307.
② 杨立雄. 国外残疾人福利制度比较研究[J]. 黑龙江社会科学杂志,2014,(3):8-12.
③ 石国亮,张超,徐子梁. 国外公共服务理论与实践[M]. 北京:中国言实出版社,2011:1-256.

场机制作用,鼓励、支持和引导各类社会组织、志愿者广泛参与残疾人公共体育服务,实现供给主体多元化、服务内容多样化,从而提升残疾人公共体育服务的水平和质量。美国是典型的社会主导型国家,体育组织以及残疾人组织无论是在质量还是数量上都十分发达,这些组织承担了大量的公共体育服务的职能。[①] 我们可以借鉴美国成熟的体育组织管理模式,通过大力培育和发展社会组织,让社会组织更多地承担公共体育服务职责,充分发挥社会组织的优势,实现服务的最佳供给和公共资源的优化配置,提高公共服务的效率。

四、坚持政府主导,提高残疾人公共体育服务质量

政府是公共体育服务的核心和主导,其核心职能就是保证公共体育服务供给的秩序,促进公共利益的实现。[②] 从国外残疾人公共体育服务提供来看,基本是政府主导、多元供给,显然西方国家的残疾人公共体育服务建设强调的是政府在公共体育服务中的主导地位,通过优化政府职能,下放权力,强化政府在立法、规划、投入、监管等方面的责任和制度安排。[③] 如英国、美国的残疾人公共体育服务建设,首先通过立法来明确政府的职责以及地方政府的责任;日本采用政府三级体育行政管理,实施公共体育服务。我国的残疾人公共体育服务建设一方面需要强化政府在公共体育服务的职能是服务,是掌舵而不是划桨,通过转变政府职能,为公共需求的实现提供必要的制度、规则;另一方面要求政府对公共体育服务的运行进行监管,强化政府责任,按照全面履行政府职能的要求,开展公共服务绩效评估,提高公共服务质量。

五、重视残疾人群体的公共体育服务,提高参与率

从美国、英国和日本制定的残疾人法律条款、体育政策不难发现,让每一个公民包括残疾人平等享有参与体育活动的权利,保护残疾人合法权益是一项基本原则。从具体的措施到实施办法,这些国家都有一套完善的管理体制,帮助残疾人融入社会,如美国、英国遍及全国的社区残疾人体育俱乐部具有强大的"小政府、大社会"功能,为残疾人提供全方位的服务;日本的体育立国战略目的就是加强社区在公共体育服务中的作用,推动残疾人广泛参与。近年来,欧美国家出台多项计划,为残疾人参与公共体育努力创造条件,提高

---

① 刘芳. 中外公共体育服务体系构建比较研究[J]. 山东体育科技,2015,(1):26-30.
② 石国亮,张超,徐子梁. 国外公共服务理论与实践[M]. 北京:中国言实出版社,2011:36-44.
③ 俞琳,曹克强. 国外公共体育服务的制度安排[J]. 上海体育学院学报,2013,(5):23-26.

残疾人群体体育活动的参与率,残疾人的体育参与率稳步增长。纵观我国残疾人群体体育参与率不高的现状,我们可以借鉴发达国家的经验,从制度到落实各方面提高参与率。残疾人群体是公共体育服务的最终受众者,在保障残疾人基本的衣食住行的条件下,广泛开展残疾人康复体育、健身体育和竞技体育满足残疾人群体的基本需求,尤其是康复、健身对残疾人的机体功能的恢复、参与社会具有重要的作用。依照"最少限制"的活动理念,采用诸如全面融合、修正式的体育活动形式,让更多的残疾人走出病房、走出家庭,享受改革的成果,促使残疾人提高体育参与度,进而提高社会参与度。

第五章 江苏省残疾人公共体育服务现状分析研究

江苏省位于我国大陆东部沿海地区中部,长江下游,辖江临海,经济繁荣,教育发达,文化昌盛,与上海、浙江共同构成的长江三角洲城市群,成为国际六大世界级城市群之一。常住人口7 976.3万人,有13个省辖市,99个县(市、区),859个乡镇,415个街道办事处。[①] 2015年江苏13个省辖市GDP全部进入中国前100名,人均GDP、地区发展与民生指数(DLI)均居全国省域第一,成为中国综合发展水平最高的省份,已步入"中上等"发达国家水平。

第一节 江苏省经济社会发展及残疾人状况

江苏省是我国经济较发达地区之一,地区生产总值平均增长率为12.5%,占全国10.4%,公共财政收入平均增长率为22.9%(2001—2013年)。[②] 全省城镇化率达到66.5%,居民收入持续增加,居民生活水平不断提高,根据城乡一体化住户抽样调查,2015年江苏省全年全省居民人均可支配收入近3万元,城镇居民人均可支配收入高于全国3 583元,农村居民人均可支配收入高于全国4 702元。[③] 社保体系逐步完善,城乡居民医疗和养老保险基本实现全覆盖,社会保险主要险种覆盖率达95%以上。江苏省坚持以经济强、百姓富、环境美、社会文明程度高的新江苏发展目标,主动适应经济发展新常态,统筹推进体育改革与服务民生各项工作,实现城乡、区域公共体育服务相对均衡,群众体育、竞技体育、青少年体育协调发展,全民健身基础设施及服务网络不断完善。围绕着努力构建功能设施完善,覆盖城乡一体,组织健全惠及全民的公共体育服务体系目标,江苏省精准落实协议确定的各

---

① 国家体育总局群体司,江苏省体育局.国家公共体育设施示范选编(江苏篇)[M]//共建公共体育服务体系示范区体育设施建设成果选编,2016:4.
② 2014江苏统计年鉴[M].北京:中国统计出版社,2015:1-4.
③ 2014江苏统计年鉴[M].北京:中国统计出版社,2015:5.

项任务和措施,加强城乡统筹和服务保障,更好地满足群众多样化、个性化需求,充分发挥体育在建设健康中国,推动经济转型升级,增强国家凝聚力和文化竞争力等方面的独特作用。[①] 为进一步增强人民健康素质、增进人民福祉,"十二五"期间江苏省与国家体育总局签署了《建设公共体育服务体系示范区合作协议》,希望通过示范区的建设为全国公共体育服务体系建设提供示范和带动作用。在示范区创建过程中,江苏省实现了健身服务人群全覆盖、生命周期全覆盖、健身过程全覆盖,政府相继出台了一批相关的政策和措施,并加大财政转移支付、彩票公益金扶持力度,全省人均公共体育服务面积达到 2.01 平方米,经常参加体育锻炼人口比例达 35%。居民体质合格率达92.1%,群众对公共体育服务满意度达 90.86%。[②]

根据江苏省第二次残疾人抽样调查数据,江苏省残疾人口479.3 万,占全省总人口 6.40%,涉及五分之一的家庭。其中视力残疾 71 万人,占14.81%;听力残疾144.1 万人,占 30.07%;言语残疾 4.7 万人,占 0.98%;肢体残疾114.8 万人,占 23.95%;智力残疾 37 万人,占 7.72%;精神残疾38.2 万人,占 7.97%;多重残疾 69.5 万人,占 14.50%。(见图 5-1)5—14岁的残疾儿童人数为 10.1 万人,15—18 岁的残疾青少年有 9.5 万人。[③] 随

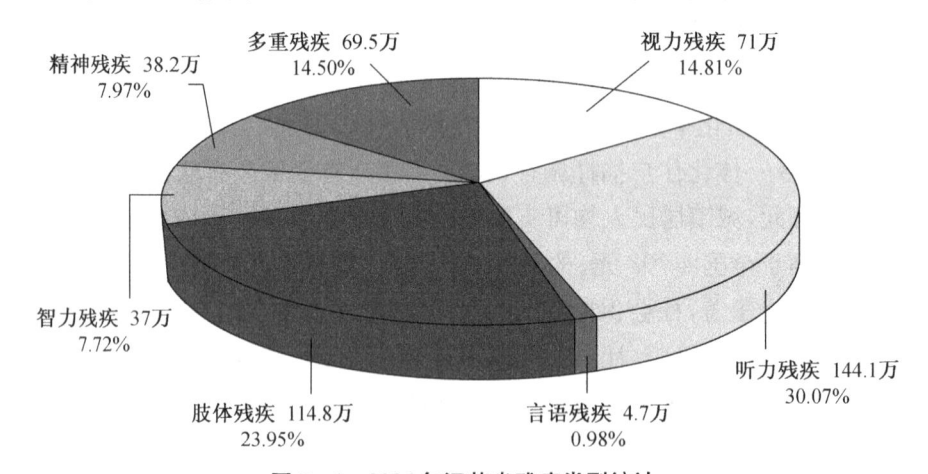

图 5-1　2006 年江苏省残疾类型统计

(资料来源:江苏省残联)

---

① 以示范区创建为主线,着力提升群众获得感[Z]//全国基本公共体育服务体系建设现场推进会,2016.
② 国家体育总局群体司,江苏省体育局. 国家公共体育设施示范选编(江苏篇)[M]//共建公共体育服务体系示范区体育设施建设成果选编,2016.
③ 江苏省第二次残疾人抽样调查数据发布[EB/OL]. http://news.QQ.com. 2006-12-22.

着江苏省公共体育服务示范区建设的进一步完善,全省残疾人充分享受到江苏省深化体育改革,建设公共体育服务示范区带来的成果。根据江苏省残疾人状况监测显示有10.2%的残疾人经常参加社区文化、体育活动,比全国残疾人的同类参与度高出2个百分点。[①]

残疾人比较集中的地方可以将残疾人群体分为学校群体和社区群体。特殊教育学校是残疾青少年比较集中的地方,也是我国公共体育服务领域中不可忽视的重要组成部分。"十二五"期间,国家针对残疾儿童颁布《特殊教育提升计划》,就残疾儿童积极参加体育锻炼在场地、设施等标准化建设提出要求。江苏省是我国特殊教育较发达地区,1916年张謇创办了江苏第一所特校——南通聋哑学校,从此江苏有了特殊教育,并成为最早和取得成就最多的省份之一。[②] 按照国家每30万人口以上的县(市、区)均建一所特教学校的标准,目前江苏特殊教育学校涵盖盲、聋、培智、盲聋合校、培智兼聋、综合性特殊教育学校(中心)6种类型。[③] 各市级城区主要是独立的培智学校、聋校以及盲聋合校,全省有1所独立盲校,13个省辖市都有1所聋校,县级是以培智学校辅以聋生班和特殊教育学校为主。在全省106所特殊教育学校中,有聋人教育60所,培智教育90所左右,盲人教育9所。根据2014年发布的江苏省残疾人事业统计数据显示,全省开办了4所特殊教育普通高中,在校生人数为422人;15个残疾人中等职业教育机构,在校生人数为1 023人;3所高等特殊教育学院,尚有未入学适龄残疾儿童少年1 300人(表5-1)。

表5-1 2010—2014年江苏省特殊教育状况

项目	2010年	2011年	2012年	2013年	2014年
未入学适龄残疾儿童少年/万人	0.2	0.2	0.1	0.1	0.1
特殊教育普通高中在校生/人	288	381	392	397	422
残疾人中等职业教育在校生/人	1 010	989	944	1 015	1 023
高等院校录取残疾考生/人	519	563	523	658	605

(资料来源:江苏省残联)

---

① 侯晶晶.残疾人文化权利社区实现之影响因素研究:基于江苏残疾人状况监测[J].残疾人研究,2015,(1):6-13.
② 程益基,徐泰来,李泽慧.江苏特殊教育年发展回眸[J].现代特殊教育,2009,(10):11-14.
③ 蒋云尔,王辉,范莉莉.江苏省特殊教育学校教师队伍的现状与对策[J].中国特殊教育,2008,(8):45-48.

按照江苏省教育厅等部门制定的《关于进一步加快特殊教育事业发展的意见》，全省全面实施了残疾儿童少年从学前、义务到高中15年免费教育政策，义务教育阶段残疾儿童入学率达到96%以上。从2014年开始免除残疾人大学生学费，并向残疾人高中生、大学生发放特殊教育补贴政策。全省通过多种渠道（如残疾人事业彩票公益金助学等项目）资助残疾儿童入园，残疾儿童学前入园率达85%。2016年初江苏残疾人工作会议提出：到2020年，全省所有特殊教育学校从义务教育向两头延伸，开办学前教育班和高中阶段教育与职业教育，普通幼儿园需接收每一位残疾幼儿，为残疾儿童提供更多入园机会，争取全省每所特殊教育学校都达到现代化办学标准，所有30万人口以上的县（区）建好一所国家建设标准的特殊教育学校。

社区是广大残疾人日常衣、食、住、行的生活环境，也是康复、教育、就业、文化体育需求的环境，也就是说残疾人基本公共服务的落实点在社区。社区是残疾人公共体育服务的重要阵地，社区不仅为残疾人提供基本的生存服务，更多的是为残疾人提供平等参与社会的合法权益保障。无业、老年残疾人生活的核心地带就是社区，中重度残疾人几乎连家门都出不去，对残疾人情况了解最为清楚的就是社区居委会。社区是残疾人融入社会最基层的社会舞台，一方面，残疾人许多困难和问题需要社区帮助解决，以保障他们的利益；另一方面，残疾人的实际需求和愿望只有通过最基层社区组织传递上去才最为真实。近年来，江苏省为让残疾人走出家门，先后在社区建设如社区残疾人托管中心、阳光家园、残疾人之家等助推惠民工程的发展和落实，2017年江苏省残联工作会议通报建500个"残疾人之家"，为社区残疾人解决辅助性就业。为不断提升社区为民服务专业化、社会化水平，江苏省民政厅出台了《关于加快推进社区社会工作服务的实施意见》，确保全省各地加快推进社区服务建设。

第二节　江苏省残疾人公共体育服务需求研究

选取苏南、苏北、苏中和省会城市南京为调研点，按照比例分层和整体抽样的方法，选取城市1~2个街道或社区，乡镇或农村1~2个社区。通过问卷、访谈、入户和实地考察等多种方式，从残疾人公共体育服务需求、供给、保障和满意度对江苏省残疾人公共体育服务的现状展开调查。

一、江苏省残疾人公共体育服务需求现状分析

(一) 对体育健身的需求

健身需求是残疾人参与体育健身的最直接诉求,也是能够表现残疾人对体育健身自主的愿望表达。因此,需要首先了解社区和特殊教育学校的残疾人对体育健身需求状况(表5-2)。

表5-2 社区残疾人与特殊教育学校学生体育健身需求($N=862$)

项目	非常愿意	比较愿意	一般	不太愿意	不愿意
频数/人	256	257	247	52	50
百分比/%	29.7	29.9	28.7	6.0	5.8

通过表5-2可知,社区残疾人与特殊教育学校学生选择体育健身需求比较愿意的占29.9%,非常愿意的占29.7%,一般的占28.7%,说明大部分社区残疾人和特殊教育学校学生愿意参加体育健身活动。学生在学校和同学们在一起参加体育课和课外体育活动,能够体会到运动的乐趣,心情愉快,运动给学生们带来快乐。社区残疾人的调查多采用座谈、入户面对面和残疾人交流,得到他们对体育健身需求比较真实的想法。通过与村里社区残疾人座谈,如吴中区东山镇杨湾村、相城黎明村、雨花台区永安社区、盐都区宝才社区、邗江区杨庙社区,发现农村社区残疾人从不参加体育活动的较多,他们也不太愿意参加,主要原因是平时很少知道这方面的信息,也没有相关的人员组织,所以大部分残疾人要么待在家里,要么从事农业生产劳动。2015年统计显示省内城镇残疾人就业28.5855万人,农村残疾人就业67.7万人,其中有50万人从事农业生产劳动。[①] 有一部分残疾人生活困难,依靠低保生活,每天最重要的事情是看病吃药,主要关注生活的衣食住行,很少参加体育文化活动。还有一部分是重度残疾人,根本无法走出家门,长期需要照顾,只能是以日常的生活为主,没有参加过体育活动。

S村村民座谈会:我们从来没有过参加体育活动,村里也没有组织过残疾人的体育活动,我们每天要干农活……我今年70岁了,我愿意参加体育活动,每个月我的低保费都看病了,不要钱让我参加就行。

---

① 中国残疾人联合会.2015年江苏省残疾人事业发展统计公报[EB/OL].http://www.cdpf.org.cn.2016-10-27.

N社区残疾人座谈会：我们每天要工作，我开出租车要挣钱养家糊口，我们都愿意参加体育活动，可生存和生活问题解决不了，没有保障就没有时间去考虑参加体育活动……我们几个以前参加过坐式排球比赛和训练，可比赛完了，我们也没有地方活动了。平时想去活动，场馆都是商业化运作，没有免费使用的场地。

S市残疾人活动中心：我们聋人很喜欢球类活动，但没有场地，学校场地不对外开放，活动经费也不足，老年聋人喜欢在一起打牌、打麻将，喜欢如保龄球、桌球、沙狐球这类体育活动。

Y市入户调查：我患病多年了，家住在四楼，根本无法下楼，平时都是父母照顾我，两年前为了配眼镜在志愿者帮助下下过一次楼，我很愿意参加体育活动，可不知道该怎么参加，也没有人指导。

C市、W市残疾人体育训练基地：我们是被选来的，以前没有参加过体育训练，参加以后就非常喜欢和热爱这项运动，参加过全省的、全国的比赛，拿过名次，想拿冠军。……我是自己去找残联报名参加举重训练的，我是在电视上看了残疾人运动员参加世界比赛、奥运会，我也想参加，上届残奥会痛失金牌，我要继续刻苦训练争取在下届残奥会上拿一块金牌。

在与城市社区残疾人座谈中，如玄武区富贵山社区、蓟门街道宏蓟社区、邗江区文苑社区、天宁区南都社区、亭湖区雅合社区，发现社区残疾人愿意参加体育活动较多。一方面，江苏省省内各地城区"十二五"期间加大了对公共体育服务基础设施、健康站点的建设，政府提供的一些公共体育健身活动、项目逐步增多，残疾人参与的机会增多；另一方面，城市社区残疾人大多都接受过基础教育，初中及以上文化水平占九成，残疾人就业稳步增加，城市残疾人对政府、社区、学校开展的体育健身活动持积极态度较多，愿意走出家门，融入社会。

（二）参加体育健身的动机

健身的动机是影响残疾人参加体育健身最直接的内部因素，也是最终形成体育健身的动力所在。

由表5-3可知，有64.7%的残疾人选择参加体育健身活动的目的是强身健体，有48.4%的残疾人选择参加体育健身活动的原因是兴趣爱好，有31.9%的残疾人参加体育健身活动是为了休闲娱乐。这说明残疾人首先考虑的是身体健康，通过体育锻炼增强体质是参加体育健身最主要的目的；其次是兴趣爱好，说明残疾人尤其是残疾学生以兴趣爱好为主，这也符合学生们的身心特点,玩是孩子们的天性,走出教室在操场上自由奔跑是学生们最喜欢的事情,不仅可以娱乐,还能锻炼身体,增强体质;再次是休闲娱乐,通过参加体育活动娱乐身心,度过闲暇时间。

表 5-3 参加体育健身的动机(N=1 569)

项目	强身健体	兴趣爱好	休闲娱乐	社会交往	自强自立	体现自身价值	缓解压力	祛病康复	提高运动技能	其他目的
频率/人	1 015	760	501	351	496	175	305	334	389	57
百分比/%	64.7	48.4	31.9	22.4	31.6	11.2	19.4	21.3	24.8	3.6

(三) 对体育健身的建议

残疾人根据自身的需求愿望,对体育场馆、设施、服务、活动等提出建议,可以在这些差异中分析残疾人共性的需求。

调查显示(表5-4),残疾人对体育健身需求的建议。首先是提供免费场地和器材,占48.3%;其次是增加体育场地和设施数量,占45.0%;再次是改善体育健身环境,增加无障碍设施,占42.6%。可以看出残疾人最需要、最关心的是场地设施以及无障碍设施,更渴望能为他们提供更多的免费场地和器材,希望场地设施的数量再多一些、体育活动再常态化一些、健身指导更多一些,这都是残疾人参加体育健身活动面临的最主要问题。

表 5-4 体育健身的建议(N=1 569)

项目	频数/人	百分比/%
增加体育场地和设施数量	706	45.0
提供多元化的体育健身服务	516	32.9
改善体育健身环境,增加无障碍设施	668	42.6
建立专门为残疾人服务的体育组织社团和协会	637	40.6
制定针对性的政策制度	346	22.1
提供免费场地和器材	758	48.3
增加体育健身的经费投入	375	23.9
经常开展社区残疾人体育文化活动	581	37.0
增加体育健身指导服务力度	329	21.0
残疾人体育用品开发	344	21.9
其他建议	83	5.3

二、江苏省残疾人公共体育服务需求存在的问题及成因分析

(一) 江苏省残疾人公共体育服务需求存在的问题

1. 对公共体育服务的需求不高

调查反映,由于残疾人长期在社会发展和经济活动中处于弱势地位,处于被动接受救济的角色,残疾人对自己的权益表达缺少积极性和主动性,缺乏与政府沟通的能力和途径,不能充分表达自己的公共体育服务需求意愿。加之受区域经济发展的制约,农村和省内经济不发达地区的残疾人文化水平不高、信息来源有限、组织化程度较低,对公共体育服务需求认识不足,往往不能准确表达自己的公共体育服务需求。虽然不同类型、性别和年龄残疾人的公共体育服务需求存在差异性,但大部分残疾人对公共体育服务的需求表现出退缩和盲从,导致残疾人诸多实际的公共体育服务需求得不到有效满足,造成供给和需求的矛盾。

2. 残疾人公共体育服务需求表达渠道不畅

残疾人必须通过一定的渠道,才能将自己的公共体育服务需求表达出来,并且让供给主体了解。然而,从江苏省残疾人公共体育服务需求的实际情况来看,由于残疾人公共体育服务处于被弱化的地位,残疾人组织不健全,没有自己的阵地和发声的平台,有些地方政府不重视残疾人的文化体育活动,基层政府、体育局没有将残疾人的公共体育服务纳入"全民健身"中,在政策的制定和公共体育服务建设方面少有考虑残疾人,未能给残疾人提供有效的需求表达方式和途径。加之经济条件差,生活困难,且农村残疾人长期生活在封闭、保守的环境中,居住分散,流动性较差,大多数残疾人往往只是听从行政命令,被动接受政府公共服务供给,导致残疾人公共体育服务需求表达渠道不畅通。

3. 残疾人公共体育服务需求得不到满足

政府主管残疾人公共体育工作以及相关各部门责任不到位,在残疾人公共体育服务需求信息收集和反馈工作中出现缺位现象。一方面,有关干部或组织对残疾人的体育需求在思想上不够重视,缺少对基层残疾人需求的调研工作,不征求残疾人的建议和意见,对残疾人的公共体育需求一无所知;另一方面对残疾人公共体育服务需求不及时过问和处理,不进行认真研究,致使残疾人的需求石沉大海,得不到及时有效的回应,政府部门不能及时了解残疾人的实际公共体育服务需求,致使相关的政策距离残疾人的要求相差甚

远,既达不到有效供给,也解决不了残疾人的实际需求问题。

(二)江苏省残疾人公共体育服务需求问题的成因分析

1. 政府部门的问题

目前我国社会公共需求的全面增长与公共产品短缺、公共服务不到位的矛盾尤为突出,残疾人公共体育服务存在诸多问题,残疾人"因残致贫、因残返贫"的现象依然普遍。究其根本原因在于,我国长期以来实行自上而下的政府主导型的供给模式,在这种供给模式影响下,残疾人公共体育服务的提供带有很强的指令性和强制性。然而残疾人的体育需求具有一定的特殊性和指向性,呈现多样化、差异性的特点,残疾人参加体育健身的主要目的是强身健体,最强烈的愿望就是能康复机体,走出家门,参与到社会活动中,然而由于政府职能的缺位,残疾人不能有效地表达自己的需求意愿,政府又不了解残疾人的实际需求,导致残疾人公共体育服务出现"供需错位",残疾人公共体育服务的供给难以与残疾人的实际需求相契合。一些基层政府由于长期形成的官僚作风严重,责任意识淡薄,态度冷漠,对残疾人的实际需求要么推诿应付,要么拒之门外,致使残疾人的体育服务需求无法准确、全面、完整地传达到上级决策部门。因此,为解决公共体育服务供需失衡的矛盾,要强化政府服务职能,改变政府单一供给方式,使残疾人需求偏好能够有效地"输入"政府服务系统。

2. 残疾人组织的问题

在基层残疾人和上级决策部门之间应该有专门的组织,如残疾人体育协会,负责听取和搜集各类各地区残疾人对公共体育服务的各项诉求,并代表残疾人向上级部门反映实际情况,从而为上级部门的决策提供科学依据。但是,在我国长期政府指令强制措施主导下,这种自治型的组织被异化,造成残疾人体育组织要么形同虚设,要么缺失。残疾人体育组织不仅仅是沟通残疾人和上级部门的桥梁,更关键的是能解决残疾人需求无处表达的问题。调查普遍反映残疾人的体育需求无法表达,没有规范化的残疾人体育组织,残疾人无法在一起交流,也没有和政府平等交流的机会,缺乏归属感,导致许多残疾人只能坐等政府、社区、学校开展的体育活动,而往往这些部门又是按照政府的行政指令完成工作部署,缺少主动性和积极性,造成残疾人公共体育服务需求得不到满足。代表残疾人利益、能够替残疾人发声的组织一是少,二是被异化,从而弱化了残疾人的公共体育服务需求表达。

3. 残疾人自身的问题

残疾人是公共体育服务的最终客体,整个服务体系都是围绕着残疾人的实际体育需求展开实施和运行的,也只有残疾人自己最清楚需要公共服务的种类和数量。然而,当前残疾人自身在需求方面上存在诸多问题。残疾人根据自身情况可以分为几类:第一类是很少接触社会。很多重度和多重残疾人由于行动不方便或者需要家人帮助才能出行,生活无法自理,长期封闭在家;有的残疾人没有接受过教育,对体育健身没有需求,对需求的理解只是停留在吃饭、看病、吃药最基本的生活需求,他们不愿意接触外界,更不愿意外界用怜悯的心态对待他们。第二类是能够独立或借助家人的帮助出行,与社会有接触,但不经常。这部分残疾人占到多数,他们中部分有工作,接受过教育,也参加社区、学校组织的各种体育健身活动,但缺乏主动性和积极性,只是被动接受政府提供的各种公共体育服务,也没有主动表达需求的意识和动力,再加之农村的残疾人文化水平不高,参与意识不强,认识和理解能力低,遇到基层政府不作为,提出的需求被碰壁后,就不再主动表达需求和意愿。

第三节　江苏省残疾人公共体育服务供给研究

一、江苏省残疾人参与体育健身活动现状

体育活动是残疾人公共体育服务供给内容中最核心的一部分,残疾人参加体育健身的活动频率、时间、形式以及项目等能够直接反映出目前残疾人参与体育健身活动现状,由此提供供给服务,才更加有效。

(一)参加体育健身活动的频率

通过调查,从表中 5-5 可以看出,残疾人参加体育健身活动每周 3 次以上占比最高 31.3%,第二是每周不固定的占 23.3%,第三是每周 1~3 次占 19.2%。说明目前特殊教育学校的学生参加体育基本上都能够保持每周 3 次以上的活动,这主要是特殊教育学校每周都会让学生们参加一些课外体育兴趣活动,并由专门的老师负责带领进行一些如篮球、乒乓球、轮滑等课余体育活动,一方面是增强学生体质,培养学生体育锻炼爱好,另一方面也能积极发现一些体育苗子,为各地区储备体育人才。而社区残疾人由于无业、无收入人群比较多,他们一般不太会在固定时间进行体育活动,只能是有时间或社区有活动偶然参加,而那些有工作的残疾人尤其在事业单位工作的,一般

会有比较固定的时间和收入保障,所以他们会利用余暇时间锻炼身体。

表5-5 社区残疾人与特殊教育学校学生体育健身活动频率(N=862)

项目	每月1次以上	每月不足1次	每周3次以上	每周1~3次	不固定	从不参加
频率/人	90	70	270	166	201	65
百分比/%	10.4	8.1	31.3	19.2	23.3	7.5

(二) 参加体育健身的活动时间

根据表5-6可以看出,活动时间在30分钟以下占比最高,为43.5%;其次是在30~60分钟,占36.3%;最后是60分钟以上,占20.2%。这说明大多数的社区残疾人以及一些女性、中重度残疾人的体育活动时间在30分钟以下,而通常特殊教育学校体育课和体育兴趣小组的活动时间基本上都是30~60分钟,学生基本上都能活动1小时,这也和国家推行的体育锻炼1小时有关。有些特殊教育学校学生和社区残疾人会被选拔参加一些课余体育训练队以及一些比赛前训练,所以他们活动时间一般会在60分钟以上。

表5-6 社区残疾人与特教学生参加体育健身活动时间(N=862)

项目	60分钟以上	30~60分钟	30分钟以下
频率/人	174	313	375
百分比/%	20.2	36.3	43.5

(三) 参加体育活动的形式

参加体育健身活动的形式(表5-7)占比由高到低分别是与朋友同学一起72.1%、个人锻炼47.0%、与家人一起45.1%、社区活动20.0%、参加学习班13.7%、参加体育比赛15.4%、去俱乐部12.7%。说明大多残疾人还是和朋友同学一起参加活动,特殊教育学校学生更多的是和同学们一起活动,有些学生经常会参加一些残疾人体育比赛,如聋人篮球、乒乓球、游泳、田径、举重等,平时在一起参加体育训练、比赛较多。而社区残疾人更喜欢自己锻炼而不愿意和其他人一起,一方面是自己比较了解自己的身体状况更容易进行活动,另一方面是每个残疾人的身体条件不一样,具有一定的差异性,个人锻炼针对性要强。70岁以上以及一些重度和多重残疾人的需要有伙伴、家人的陪同更多一些,这也说明社区老年残疾人由于身体的缘故一般都会选择在离家近的社区里与家人一起活动。

表 5-7　参加体育健身活动形式（N=1 569）

项目	朋友同学一起	个人锻炼	与家人一起	社区活动	参加学习班	去俱乐部	参加体育比赛
频数/人	1 131	737	708	314	216	199	241
百分比/%	72.1	47.0	45.1	20.0	13.7	12.7	15.4

（四）参加体育健身活动的场所

通过调查由表 5-8 可以看出，参加体育健身活动的场所排在前三的首先是学校体育场馆，比例为 41.8%；其次是绿地公园或广场，比例为 35.6%；最后是家庭院落，比例为 22.5%。说明特殊教育学校的学生一般都会在学校进行体育活动，学校的操场、体育馆基本能够满足学生参加体育活动。大多社区残疾人活动场所与普通社区群众一样，都会选择离家近或是附近的绿地、公园、广场活动。一些行动不方便、残疾程度重的、年龄小的，以及精神类、智障残疾人适合在自家的庭院活动，一是安全，二是便于家长的监护。

表 5-8　社区残疾人与特殊教育学生参加体育健身活动场所（N=862）

项目	家庭院落	社区健身点	绿地公园或广场	残疾人活动中心	学校体育场馆	体育中心公共体育场馆	运动康复机构	健身俱乐部	其他场所
频数/人	194	151	307	158	360	121	16	38	68
百分比/%	22.5	17.5	35.6	18.3	41.8	14.0	1.8	4.4	7.9

（五）参加锻炼的体育项目

从表 5-9 数据占比情况看，排在前三的体育项目是散步、跑步，占比最高 72.4%；其次是球类活动，占比 30.5%；然后是乒羽网类，占比 24.6%。说明散步、跑步是残疾人最常见的运动方式，也最容易进行，简单易行比较安全的运动方式是残疾人的首选。球类运动是残疾人比较喜爱的项目，聋人篮球、特奥篮球都是残运会、特奥会的比赛项目，这几年培智学校相继开展与特奥会相关的各种体育活动，如特奥足球、乒乓球都是学校经常开展的项目，学生们会经常接触到。乒乓球、羽毛球也是我们国家群众体育开展比较好的项目，群众基础好，学校、社区容易开展，残疾人隔网比赛，不容易受伤，这也是残疾人容易参加的原因。

表 5-9　社区残疾人与特教学生参加锻炼的体育项目（N=862）

项目	散步、跑步	篮排足等	乒羽网类	保龄球等	体操等	舞蹈等	棋类运动	武术等	游泳	跆拳道等	登山	气功等	野外活动	冰雪类活动	其他项目
频数/人	624	263	212	63	137	76	79	40	61	38	58	33	93	36	85
百分比/%	72.4	30.5	24.6	7.3	15.9	8.8	9.2	4.6	7.1	4.4	6.7	3.8	10.8	4.2	9.9

（六）家长问卷调查参加体育健身频率、时间、项目、场所情况

通过调查，根据表 5-10 可以看出，家长认为孩子参加体育健身活动的频率、时间、项目、场所为一般的占比最高，说明目前残疾学生的体育活动处于一般化状态，这也和调查特殊教育学校的体育课、体育基础设施基本相一致。省内的 106 所特殊教育学校基本上能够按照国家学校体育卫生条件试行基本标准配置体育器材，配有 200 米塑胶田径场地，按照特殊教育学校建设标准基本上建有体育康复训练室。特殊教育学校的体育课大都是每周 2 次，每次 40 分钟，个别学校是每周 3 次，所以从学校体育课的形式基本是保证学生进行体育活动。

表 5-10　觉得孩子参加体育健身活动的频率、时间、项目、场所（N=707）

项目	频率			时间			项目			场所		
	足够	一般	不够	足够	一般	不够	多样	一般	单一	很多	一般	太少
频数/人	63	425	219	93	431	183	133	408	166	74	339	294
百分比/%	8.9	60.1	31.0	13.2	61.0	25.9	18.8	57.7	23.5	10.5	47.9	41.6

二、江苏省残疾人公共体育服务供给主体现状

（一）政府部门

在残疾人公共体育服务过程中，政府和残联承担着核心供给主体的责任，起着主导作用。政府和残联代表着残疾人的公共利益，并且承担着残疾人公共体育服务的供给职能。江苏省率先在全国启动公共体育服务体系示范区建设，各级政府把公共体育服务体系纳入经济社会发展总体规划和基本公共服务发展规划，围绕城乡一体、惠及全民的目标出台一系列的相关政策，

加大财政政策支持力度,"十二五"期间累计投资 4 亿元扶持 569 个项目。[①] 随着《江苏体育发展"十三五"规划》出台,以及《江苏省全民健身实施计划(2016—2020 年)》实施,针对残疾人全面实施场馆优惠或免费、丰富活动内容和形式的政策相继为残疾人广泛参加体育活动提供保障。作为主管残疾人体育工作的省残联积极和省体育局大力配合,实施"助残健身工程"推动残疾人群众体育工作,在残疾人群众性体育健身活动、体育健身指导员培训、残疾人文化体育中心建设等展开工作,并提出构建残疾人公共体育服务康复体系新目标。

从调查结果来看,为残疾学生参加体育健身活动服务的主体是学校,占 66.3%;其次是政府残联,占 23.9%。家长认为可以为孩子提供健身活动服务的首先是学校,占 18.3%;其次是政府残联,占 14.9%;然后是社区街道,占 11.0%。为社区残疾人提供体育健身活动服务的主体是社区街道,占 56.0%;其次是政府残联,占 36.5%。通过对特殊教育学校体育教师问卷调查,政府为特殊教育学校提供活动场地、指导、组织、信息、体质监测和其他只是偶尔给予,而不是常态化。(表 5-11)

表 5-11　政府部门为特殊教育学校提供体育服务的情况分析(N=42)

项目		频数/人	百分比/%
活动场地	经常	7	16.7
	偶尔	22	52.4
	从未	13	31
体育活动指导	经常	0	0
	偶尔	28	66.7
	从未	14	33.3
体育活动的组织	经常	1	2.4
	偶尔	29	69
	从未	12	28.6

[①] 江苏省体育局.江苏体育发展"十三五"规划[EB/OL].http://www.jssports.gov.cn.2016-06-27.

(续表)

项目		频数/人	百分比/%
体育信息	经常	9	21.4
	偶尔	20	47.6
	从未	13	31
体质监测	经常	2	4.8
	偶尔	21	50
	从未	19	45.2
其他	经常	1	2.4
	偶尔	26	61.9
	从未	15	35.7

(二) 市场

公共体育服务市场化供给打破政府垄断单一供给模式，引入平等竞争机制同其他主体展开平等竞争，以竞争的方式促进公共体育服务供给，通过提供优质的服务，从而改善政府公共体育服务质量和效率。政府不再是生产者，而是公共体育服务的抉择者和监督者。政府通过合约出租、政府购买、特许经营、政府资助、托管等市场方式[1]，与服务的提供者建立契约关系，实现政府与市场有机结合。"十二五"期间，江苏省公共体育服务建设积极引入竞争机制，采取政府购买服务、服务外包等多种形式，调整公共体育服务结构，加大体育产业服务。江苏省体育局通过江苏省体育产业发展专项资金申报，资助各地积极开展各项体育活动，推动各地公共体育服务工作。省残联通过购买服务，在全省推进残疾人康复体育进家门活动，通过托管方式将残疾人群众性体育活动比赛交给有能力的地方管理，如常州代管江苏省残疾人篮球队、常熟代管江苏省残疾人游泳队、南京体育学院代管残疾人击剑队等。建立残疾人体育器材设施采投标制度，降低成本，择优选择。江苏省还在全省范围试行发放体育消费券，促进群众健身消费，南京、苏州等地积极推行医保健身"一卡通"促进残疾人参加健身活动。

---

[1] 张汝立,等.外国政府购买社会公共服务研究[M].北京:社会科学文献出版社,2014:31-145.

(三) 社会组织

社会主体供给的特点是非营利性、志愿性,主体既包括专业性的社会组织,也包括残疾人家庭和个体的社会力量。向社会体育组织购买服务是转变政府职能的重要实践,这不仅满足了残疾人多层次、多元化体育需求,也降低了政府行政成本。社会体育组织是公共体育服务社会化的有效途径和基础,要弥补供给不足的问题就要充分发挥社会体育组织的力量,让更多更专业的社会体育组织参与公共体育服务供给[①],同时各级工会、共青团、妇联、残疾人专门协会等社会组织和各类体育单项协会、残疾人体育协会、各类俱乐部等体育组织都是沟通残疾人与政府最好的桥梁,这些社会体育组织更容易,也更方便开展残疾人服务工作。2014年江苏省出台的《江苏省本级向社会组织购买公共体育服务暂行办法》就是为了进一步规范和推进向社会组织购买公共体育服务,提高资金使用效率,提升公共体育服务质量。江苏省体育局成立跨部门协同合作机制,省财政、体育、文化、交通、残联、民政等多部门协调公共体育服务涉及政策、实施等问题。省残联残疾人体育协会与省体育协会联合举办残疾人社会体育指导员培训。苏州市残联向各残疾人专门协会购买各类残疾人体育健身活动和比赛。南京市残联委托雨花台区永安社区购买残运会坐式排球比赛项目。部分志愿组织也是社会组织中重要的组成部分,如苏南地区的社工团队"狮子会""太太团"为该地区的残疾人体育比赛和活动提供无偿服务。大学生志愿团队是各省辖区残运会、特奥会和各类单项比赛最亮丽的风景线,为各类比赛提供最优质的志愿服务。

三、江苏省残疾人公共体育服务供给内容现状

(一) 体育设施服务

通过对108名残联干部、残疾人专职人员调查显示,建有专门的残疾人体育场地占38.9%,没有的占61.1%;建有残疾人训练基地的占25%,没有的占75%;建有残疾人健身示范点的占32.4%,没有的占67.6%(表5-12)。这说明各省辖市政府要投入一笔资金修建专门的残疾人体育场地、训练基地具有一定的困难,各市残联或社区、街道要建立体育健身示范点对硬件和软件设施的条件要求高。

---

① 郑晓燕.中国公共服务供给主体多元化发展研究[M].上海:上海人民出版社,2012:1-187.

表5-13 残疾人体育场地、训练基地、示范点情况（N=108）

问项		频数/人	百分比/%
贵部门是否建有专门的残疾人体育场地	有	42	38.9
	无	66	61.1
贵部门所辖区域内是否建有残疾人体育训练基地	有	27	25
	无	81	75
贵部门所辖区域内是否建有残疾人体育健身示范点	有	35	32.4
	无	73	67.6

从特殊教育学校的体育场地、设施器材调查统计结果来看，目前特殊教育学校按照国家学校体育卫生条件试行基本标准配置体育器材的占73.8%，按照特殊教育学校建设标准建有体育康复训练室的占71.4%，塑胶田径场占76.2%，建有室内体育馆的占40.5%（表5-13）。江苏省按照教育部2016年特殊教育提升计划，在全省市级层面特殊教育学校展开现代化教学条件改善，使得省级一所盲校，13个所省辖市级聋校以及各市级城区主要的培智学校、聋校、盲聋合校在学校体育场地、设施、器材建设方面大有改观。如南京盲校建有省级盲人门球馆，玄武区启智学校建有500平方米的体育康复训练室，苏州盲聋学校、常州聋校、扬州聋校都建有标准400平方米的田径场和学生活动中心。

表5-13 特殊教育学校体育场地、设施、器材基本情况分析（N=42）

项目		频数/人	百分比/%
田径场	塑胶	32	76.2
	炉渣	10	23.8
体育康复训练室	有	30	71.4
	无	12	28.6
室内体育馆	有	17	40.5
	无	25	59.5
按国家标准配置体育器材	有	31	73.8
	无	11	26.2

(二) 体育组织服务

各市、县残疾人体育协会会同全省116个肢协、116个聋协、116个盲协、106个智协和106个精神以及10个智力和精神亲友协会共570个残疾人专门协会共同承担组织残疾人各类体育健身活动服务。[①] 全省拥有二级残疾人体育健身指导员674名，省级健身示范点47个，市级健身示范点376个（2011—2015年）具体如表5-14所示。

表5-14 江苏省残疾人公共体育服务统计数据（2011—2015年）

项目	2011年	2012年	2013年	2014年	2015年	合计
残疾人群众体育活动/(省级/次)	10	5	8	6	10	39
残疾人群体活动参加人数/(省级/人次)	2 500	2 560	3 210	2 980	3 000	14 250
残疾人群众体育示范点/(省级/个)	11	11	11	16	16	65
残疾人健身指导员/[省级（二级）/个]	150	150	150	224	300	974
残疾人群众体育活动(市级/人次)	52	71	97	96	100	416
残疾人群体活动参加人数/(市级/人次)	3 600	5 722	7 772	9 081	8 674	3 4849
残疾人群众体育示范点/(市级/个)	90	92	96	98	113	489
残疾人健身指导员/[市级（三级）/个]	53	58	68	93	2 271	2 543
残疾人体育比赛/次	5	1	2	3	2	13
参赛残疾运动员/人次	363	400	532	278	120	1 693
残疾人体育基地/个	1	1	1	2	2	7
基地在编人员/人	20	20	20	20	20	100
聘任教练员/人	31	31	31	32	35	160
残疾人社区康复站/个	12 100	16 700	16 800	16 843	17 275	79 718
残疾人体育组织/个	1	1	1	1	1	5
残疾人文化体育活动中心	1	2	3	3	3	12

（资料来源：江苏省残联官网）

[①] 中残联.残联发2014年江苏省残疾人事业发展统计公报（残联发[2015]12号）[Z].2015-12-29.

从表 5-15 的调查结果来看：从未参加各类体育组织占比最高，占 38.8%；参加学校体育代表队，占 34.0%；残联的体育代表队，占 23.8%。这说明特殊教育学校的学生参加学校体育代表队的机会较多，尤其是一些聋校和盲校的学生，由于生源少的缘故，学生同时训练几个项目的情况很常见。而基层社区对于体育组织的建立很薄弱，也就造成了大多数残疾人从来没有参加过各类残疾人体育组织，社区的一些残疾人，如学龄前残疾儿童、老年、长期卧床、行动不方便的重度或多重的残疾人很难加入各类社会体育组织参加体育活动。

表 5-15　社区残疾人与特殊教育学校学生参加各类体育组织情况($N=862$)

项目	社区或村委会群众组织	学校体育代表队	社会群众组织	自发的健身团队	残联的体育代表队	未参与
频数/人	143	293	61	63	205	334
百分比/%	16.6	34.0	7.1	7.3	23.8	38.8

（三）体育活动服务

江苏全省和各市残联会定期举办一些残疾人体育运动会、健身运动会以及单项赛事，目前已举办了 10 届全省残疾人运动会，7 届全民健身运动会残疾人组。有些市、县级残联也相继举办了残疾人运动会以及一些单项运动会，如田径、游泳、篮球、象棋、围棋、飞镖等运动会（表 5-16）。同时在残疾人竞技体育稳步推进的同时，以"残疾人自强工程"为标志的残疾人群众性体育健身活动也得到广泛开展，形成省、市、县残疾人健身日、健身运动会、趣味运动会、社区健身周等品牌活动。

表 5-16　"十二五"期间江苏省举办残疾人体育运动一览表

名称	苏南			苏中			苏北					
	南京	苏州	无锡	常州	镇江	南通	扬州	泰州	徐州	连云港	宿迁	淮安	盐城
举办运动会/个	3	5	11	5	4	7	4	3	3	3	2	6	1
项目设置/个	5	9	6	8	6	5	4	3	4	2	3	8	3

通过对学校残疾学生和社区残疾人调查发现，有时开展体育活动占比为 44.5%，经常开展体育活动占比为 28.3%，很少开展体育活动占比为 13.6%，从不开展体育活动占比为 6.8%，不开展体育活动占比为 6.7%（表

5-17)。说明有组织的体育活动依然是基层社区按照各级政府、残联行政指令完成任务,有任务要求就组织社区残疾人进行体育活动,没有上级的文件的要求就不开展,尤其是经济不发达和农村社区没有条件就不开展,虽然有要求,但条件达不到,就出现很少开展的现象。从调查特殊教育学校体育活动开展情况教师问卷来看,特殊教育学校每个学习日开展早操和课间操的占比为100%和78.6%,要求所有学生都上早操占比为95.2%,说明特殊教育学校对早操和课间操比较重视。每个学习日开展课外活动占比为57.1%。每个学生每天能够进行体育锻炼达到一小时的占比为97.6%,说明特殊教育学校重视对学生每天的一小时体育锻炼(表5-18)。

表5-17 学校、社区是否经常开展各种有组织的体育活动($N=862$)

名称	经常开展	有时开展	很少开展	不开展	从不开展
频数/人	244	384	117	58	59
百分比/%	28.3	44.5	13.6	6.7	6.8

表5-18 特殊教育学校体育活动基本情况分析($N=42$)

问项		频数/人	百分比/%
早操开展的情况	每个学习日开展	42	100
	大部分学习日开展	0	0
	约一半学习日开展	0	0
	大部分学习日不开展	0	0
	从不开展	0	0
开展早操对学生的要求	所有学生都上早操	40	95.2
	部分学生上早操	2	4.8
课间操开展的情况	每个学习日开展	33	78.6
	大部分学习日开展	3	7.1
	约一半学习日开展	0	0
	大部分学习日不开展	0	0
	从不开展	6	14.3

(续表)

问项		频数/人	百分比/%
开展课外体育活动的情况	每个学习日开展	24	57.1
	大部分学习日开展	8	19
	约一半学习日开展	5	11.9
	大部分学习日不开展	4	9.5
	从不开展	1	2.4
每个学生每天体育锻炼达到一小时	能	41	97.6
	不能	1	2.4

(四) 体育指导服务

根据中残联"十二五"期间江苏省培训2 400名残疾人体育健身指导员的任务，省残联和体育局合作完成了全省二级和三级3 245名残疾人体育健身指导员的培训，超额完成中残联布置的任务。"十二五"期间全省建成市级以上体质测定与运动健身指导站70个[1]，社区运动康复站79 718个。

1. 接受体育健身指导的情况

由表5-19可以看出，选择有体育教师（教练）指导的占比最高为57.9%，接受过专业训练的人士指导的占21.9%，接受残疾人社会体育指导员指导的占11.6%，没有接受指导的占6.9%。在特殊教育学校，体育教师承担着学生体育课、课余训练或活动的组织工作，如南京盲校的盲人门球、乒乓球、足球都是由本校的体育老师负责训练，学生比较熟悉和信赖自己的体育老师。社区残疾人大多可以参加一些社区或市级、区级的运动比赛，或多或少接触到专业训练，各级残联邀请一部分体育专业教练负责残疾人训练参加比赛。随着省里二级、三级社区残疾人社会体育指导员培训的增加，一批残疾人体育指导员走进社区为残疾人提供健身指导，一些老年、重度、多重、智障、精神残疾也可以在家或社区接受健身指导。

---

[1] 江苏省体育局.江苏体育发展"十三五"规划[Z].http://tyfw2.jschina.com.cn.

表 5-19　接受体育健身指导(N=1 569)

项目	没有指导	体育教师（教练）	受过专业训练的人士	残疾人社会体育指导员	其他
频数/人	109	908	344	182	26
百分比/%	6.9	57.9	21.9	11.6	1.7

2. 接受运动康复训练情况

由表 5-20 可以看出,没有接受过运动康复训练占比最高,为 51.6%,其次是一年接受过运动康复训练低于 6 次占比为 24.4%,第三是一年接受过运动康复训练 12 次以上占比为 12.1%。说明目前残疾人的运动康复训练非常薄弱,大多数残疾人没有接受过运动康复训练,尤其是年龄在 18～60 岁的社区残疾人不在国家福利政策范围之内,比如按照国家的政策年龄学前残疾人儿童和老年残疾人可以享受到一定的康复政策,如国家抢救性康复政策、老年医疗保障等。特殊教育学校虽然按照国家特殊教育学校课程计划,每周有一节运动康复训练课,但由于师资、设备等问题,真正开课的不多。同时由于残疾类别的不同,接受运动康复训练的多少也不同,语言、智力和精神残疾的相比其他残疾接受康复训练要多。

表 5-20　社区残疾人与特殊教育学校学生是否接受过运动康复训练(N=862)

项目	一年 12 次以上	一年 6～12 次	一年低于 6 次	没有
频数/人	104	103	210	445
百分比/%	12.1	12.0	24.4	51.6

(五) 体质监测服务

体质监测服务作为公共体育服务供给中的重要内容,每年国家都会公布国民体质健康状况,江苏省在"十二五"期间着力建设省市级、县级体质监测中心,采用互联网技术开辟如智慧体侧、科学运动数据云平台等建立科学健身服务联盟,免费为市民进行体质健康测评服务。然而从调查结果来看,残疾人的体质监测情况不容乐观,通过对残联干部、残疾人专职人员调查显示,没有组织所辖区域内残疾人参加国民体质测试占到 72.2%(表 5-21)。

表 5-21　残联干部、残疾人专职人员体质测试服务 (N=108)

问项		频数/人	百分比/%
贵部门是否组织所辖区域内残疾人参加国民体质测试	有	30	27.8
	无	78	72.2

特殊教育学校学生体质监测服务偶尔的占比最高为 50.0%。目前省内只有个别的聋校参照国家体测标准进行实测,大部分特殊教育学校没有对学生进行体质测试,主要原因是国家对特殊教育学校没有要求,特殊教育学校学生的测试标准还没有出台,只能是参照国家普校标准实测(表 5-22)。

表 5-22　特殊教育学校学生体质监测服务 (N=528)

类型	每年 1 次	偶尔	没有	其他
频数/人	201	264	61	2
百分比/%	38.1	50.0	11.6	0.4

调查显示家长觉得孩子应该接受体质测试占 97.6%,不应该的只占 2.4%,说明家长觉得孩子应该接受体质测试(表 5-23)。

表 5-23　觉得孩子是否应该接受体质测试 (N=707)

问项	频率/人	百分比/%
应该	690	97.6
不应该	17	2.4
合计	707	100.0

(六) 信息咨询服务

江苏省体育局、省残联积极鼓励各市级、县级体育部门、社区、街道综合运用二维码识别、物联网、互联网、云平台先进技术,充分调动和利用各种健身资源,为残疾人提供一站式服务,实现残疾人健身的科技化、生活化,提升残疾人公共体育服务供给科学化水平,建立了"公共体育服务频道""公共体育周报"两大全民健身服务平台。同时残联利用社区、街道宣传栏、网络、手机为广大的残疾人提供各种体育健身信息服务,调查显示残联与广电部门合作占到 36.1%。(表 5-24)

表 5-24 体育健身信息服务途径（N=108）

问项		频率/人	百分比/%
贵部门传播体育健身信息的途径	与广电部门合作	39	36.1
	创建服务信息平台	22	20.4
	委托专业团队	18	16.7
	与社会组织合作	29	26.9

四、江苏省残疾人公共体育服务供给方式现状

(一) 资金供给

目前，残疾人公共体育服务供给方式依然是传统的资金和设施供给方式。残联和体育相关部门通过政府财政拨款资金投入的方式提供残疾人公共体育服务，每年残联从残疾人保障金中提取一定比例的资金用于残疾人的群众性体育活动和残疾人竞技体育比赛等，残联逐级向社区、街道提供一定经费保障社区残疾人体育活动的开展。经济发达市区残保金缴纳基数高，用于残疾人公共体育服务的资金相对就会充裕一些，而经济不发达市区相比较而言，会出现资金不足现象。江苏省每年还会从体育彩票公益金中提取两个点作为专项引导资金，用于各地体育场馆建设。[①] 江苏省残联通过政府购买服务的方式激励经济条件好的地区、社区、学校主动承担一些省域残疾人体育健身比赛和活动，江苏省体育局通过体彩以及加大财政转移支付力度支持经济不发达区域和农村残疾人公共体育服务，缩小区域之间的非均等化公共体育服务。表 5-25 显示各经济发达市级残联每年都会从事业经费中拿出一部分用于当地的残疾人体育竞技体育比赛，群众性体育活动，经常性体育事业经费预算的占 58.3%，而有些经济不发达的地区和乡镇一级的残联经费不足，没有体育事业经费占 41.7%，大部分经费支出主要用在体育活动的占 57.4%、体育设施占 22.2%，经费远远不够用占 37.0%。

---

① 陈刚,乔均.公共体育服务体系建设:比较研究与创新探索[M].南京:江苏凤凰科学技术出版社,2015:240-256.

表 5-25 体育经费情况管理干部问卷（N=108）

问项		频率/人	百分比/%
贵部门是否具有经常性体育事业经费预算	有	63	58.3
	无	45	41.7
经费支出主要用在	体育活动	62	57.4
	体育组织	12	11.1
	体育设施	24	22.2
	体育指导	10	9.3
您觉得该项体育经费	非常富余	0	0
	基本够用	37	34.3
	不太够用	31	28.7
	远远不够用	40	37.0

通过表 5-26 可以看出学校的体育经费基本够用，占 64.3%，说明学校和社区的差距比较大，经费投入的渠道不一样，使用也不一样，社区存在体育设施没有或少等问题。而特殊教育学校由于每年有国家投入建设，因此在资金方面的问题略有不同。

表 5-26 体育经费情况特殊教育学校体育教师问卷（N=42）

问项		频率/人	百分比/%
学校的体育经费	非常富余	2	4.8
	基本够用	27	64.3
	不太够用	10	23.8
	远远不够用	3	7.1

（二）设施供给

江苏省体育局、省残联通过全民健身路径、运动康复器材发放向社区、街道的健身站、康复站以及学校提供具体的体育设施器材，为残疾人提供公共体育服务。全省建成 1 500 公里健身步道，所有市、县（市、区）全部建成城市社区"10 分钟体育健身圈"[1]，社区残疾人可以方便地进行体育健身活动。通

---

[1] 江苏省体育局.江苏体育发展"十三五"规划[EB/OL]. http://www.jssports.gov.cn. 2016-06-27.

过表 5-27 可以看出,家长觉得孩子所在学校或社区应该提供适合孩子的体育健身器材,占 98.3%,说明学校或社区应该提供适合残疾孩子的体育健身器材。

表 5-27　体育健身器材提供(N=707)

问项	频率/人	百分比/%
应该	695	98.3
不应该	12	1.7
合计	707	100.0

五、江苏省残疾人公共体育服务供给存在的问题及成因分析

(一) 江苏省残疾人公共体育服务供给存在的问题

1. 公共体育服务供给主体与方式单一、总量不足

现阶段,残疾人公共体育服务的供给都是由政府和残联提供,仍然是"政府包办",市场投资少,然而政府面对残疾人日益增长的多元化、个性化体育健身需求,包办代替单一供给模式暴露的弊端日益明显,政府有限的财力和服务能力已经难以满足残疾人群体的康复体育、健身体育和竞技体育的需求。加之政府提供公共服务的垄断性,使得大量的社会资金,民间资本无法通过市场竞争进入公共体育服务领域,政府在有限的财力、物力和人力情况下投入到残疾人公共体育服务的总量远远低于残疾人对场地设施、体育活动、健身指导方面的强烈需求。财政拨款用于残疾人公共体育服务的比例非常有限,其中主要资金还被用在残疾人竞技体育,除了福利彩票基金一部分用在残疾人公共体育服务,而体育彩票公益金少有用在残疾人公共体育服务上。

2. 公共体育服务供给不均衡,效率不高

由于全省经济和社会发展水平不同,形成了苏南、苏北、苏中在公共服务供给水平上的差异,在资源配置出现了农村地区特别是经济薄弱地区与城市间的差异明显,区域发展梯度明显,城乡二元结构依然存在,公共服务资源配置不均衡。长期以来对残疾人竞技体育的重视和对群众体育的忽视,造成残疾人竞技体育与群众体育供给严重失衡,重竞技、轻群众,重比赛、轻活动现象较为严重。

同时由于缺乏市场竞争机制,政府单一垄断供给会失去动力机制和约束

机制,导致残疾人公共体育服务供给低水平运行,效率不高。在场馆建造和使用上,一方面是公共体育场馆设施严重缺乏,无论城市还是农村,苏南或苏北、苏中,只要问起残疾人为何不参加体育锻炼,得到的回答首先是没场地;另一方面却存在现有体育设施闲置现象,学校场地设施不对外开放,有偿开放场馆没有优惠或免费政策,残疾人找不到场所进行健身活动,如此矛盾的现象造成政府财政资金的资源浪费,公共体育设施并没有真正起到公共服务应有的效果。

3. **公共体育服务供给结构不合理**

政府和残联长期垄断供给制约了社会组织供给主体的活力,导致能为残疾人公共体育服务的社会体育组织发展缓慢、独立性差,服务性较弱,准政府组织、非政府组织、企业和个人没有充分发挥供给主体的作用。[①] 基层残联缺乏稳定的专业化队伍,无编制、无人员、无经费三无现象较为严重;经济不发达市区、农村社区供给水平不高,缺乏专业化、社会化;社会体育组织不健全,缺乏体育健身知识的培训与辅导,残疾人群众性体育活动或比赛组织不足,康复医疗站与体育健身活动中心的有效利用还不够,健身康复器材闲置较多,为残疾人提供的体质监测服务几乎没有。目前,社区残疾人包括学校残疾学生的体质测试是整个公共体育服务中的盲点,通过在常州、镇江、无锡、盐城、苏州体质测试中心实地考察和了解,残疾人基本上没有测试。主要原因是残疾人的体质健康还没有引起政府和相关部门的重视,国家也没有相应的要求,测试指标和标准也没有出台,残疾人的体质健康问题并不在国家体质健康监测的范围内,尤其是对残疾学生从小学到大学的体质的监测一直是空白,一些聋校虽然依照国家普通中小学生标准偶尔进行测试,如南京聋校、常州聋校、扬州聋校,但测试项目、标准是否适合,一直都是体育老师们的疑问,包括各市的体质监测中心很少有为残疾人进行体质测试。所以省内各市、县的残疾人体质监测以及跟踪都少有涉及。

4. **公共体育服务供给体制不完善**

长期以来政府和残联在残疾人公共体育服务供给过程既是生产者又是供给者,既掌舵又划船,造成了管办不分的供给体制弊端,严重遏制了公共体育的发展活力。[②] 自上而下的供给方式忽略了残疾人的实际需求,出现有关

[①] 李贺.基于我国基本体育公共服务供给问题系统的研究[D].天津:天津大学,2015:1-56.
[②] 贾凌民,吕旭宁.创新公共服务供给模式的研究[J].中国行政管理,2007(4):22-24.

决策往往偏离残疾人个体客观要求。政府、市场和社会组织三者的职责不清,缺乏合理界定和科学的选择机制,造成了公共服务供给的缺位、越位和错位并存,有关市场准入、调动社会组织参与公共体育服务的政策措施尚不完善。[①]

(二) 江苏省残疾人公共体育服务供给问题的成因分析

1. 残疾人公共体育服务供给滞后

供给不足已经成为制约残疾人公共体育服务的主要瓶颈,江苏省和其他省市一样,残疾人的公共体育服务供给都是由政府和残联直接供给,而市、县级政府和体育部门供给意愿不强,对残疾人公共体育服务重视不够,出现严重的政府失职现象,把本来应该由政府和残联承担和提供的公共产品和服务推向市场,导致残疾人公共体育服务的缺失。亦官亦民的省、市残联在残疾人公共体育服务提供中扮演政府的角色,成为提供公共服务最权威的机构和唯一主体,负责一切残疾人公共产品和服务的生产和提供,由于其产品和服务在市场上具有高度垄断性,又无产权约束,成本过高导致公共服务的低效。[②] 随着市、县级政府行政机构改革,基层残联、街道、社区公共体育服务的供给能力大大削弱,而乡村和社区恰好是残疾人公共体育服务的薄弱区,残疾人的衣食住行虽然由街道、社区、村残联专干负责,但基层县、乡、村残联专干身兼数职,在实际工作中,公共体育服务的职能往往又被教育、就业、卫生等其他职能所遮蔽,导致政策能够下达但落实困难,而流于形式。

2. 残疾人公共体育服务财政制度不完善

残疾人公共体育服务需要财力支撑,公共财政体制是政府和残联能够提供残疾人体育服务的保障条件,然而现行的财政体制事权层层下放,财权层层上收的配置"倒挂",使得基层政府残联事权与财权严重不匹配,造成基层公共体育服务供给不足和不均等。[③] 同时现行的财政支出结构财政转移支付制度不合理造成了城乡之间、区域之间的差距越来越大,尤其是残保金的返还制度更是让经济不发达地区、财政困难的县、乡长期处于不利地位,加之财政转移支付的滞后性以及逐层"雁过拔毛"式批复,等到社区、乡村经费已

---

① 金涛,张凤彪,周超. 我国公共体育服务供给困境及原因分析[J]. 北京体育大学学报,2013,(12):30-37.
② 叶响裙. 公共服务多元主体供给理论与实践[M]. 北京:社会科学文献出版社,2014:1-64.
③ 邱燕. 公共体育服务供给论域下政府事权与财权分级配置研究[D]. 厦门:集美大学. 2015:1-56.

经少得可怜。① 相比其他行政部门,残联一直处在较为弱势的地位,可调配的资源十分有限,即使有一定的财政资金投入,首先要解决的是残疾人的生活、生存问题,其次才能考虑到康复健身的问题,并且在有限的资金投入下,很大一部分用于残疾人竞技体育,用在残疾人群众体育的经费捉襟见肘。在政策障碍和制度障碍并存政府单一主体供给体制下,政府公共服务缺乏对投入与产出的精确核算、监督与管理,在政府利益对公共利益存在偏离。

3. 残疾人公共体育服务社会化水平不高

由于各种原因,社会组织和体育组织进入公共体育服务领域面临各种体制机制障碍,在残疾人公共体育服务无法很好地发挥作用。一些官办或国营社会组织、体育组织本身属性就不是真正意义上的非政府组织或民间组织,或多或少都有政府的影子,要么是政府下属单位,要么是由政府官员任职,具有很强的官方色彩,在某种程度上代表政府的职责或替政府发声,而失去了社会组织和体育组织的公益性,最终造成残疾人公共体育服务社会供给的缺失。② 江苏全省的残疾人社会组织和体育组织数量不多,一些市、县级残联没有残疾人公共体育服务社会体育组织,加之基层社团成立门槛高、扶持少,社会体育组织自身对残疾人公共体育服务的参与经验不足,自我发展能力不强,难以完全承接政府转移的社会公共服务。

4. 残疾人公共体育服务监管机制不健全

长期以来残疾人的问题都是由履行政府职能的残联决定,残联既是公共体育服务的提供者,又是购买者,残联与残疾人之间不是对等的关系,残疾人无法选择只能被动接受,残疾人参与缺少制度性保障,残疾人真正的体育需求无法得到回应。在残联提供的供给过程中缺乏对主体的监管,致使在公共体育服务的投入、效益、质量等方面缺乏约束机制,造成责任不清晰,资金浪费,资产大量流失,滋生腐败现象。

---

① 王家宏.我国公共体育服务体系研究[M].江苏:苏州大学出版社,2016:1-245.
② 麻伊拉,麻盈智.政府购买公共服务的问题与对策研究:以新疆为例[D].大连:大连理工大学,2016:1-58.

第四节 江苏省残疾人公共体育服务保障研究

一、江苏省残疾人公共体育服务保障现状

(一) 政策保障

江苏省政府坚持以人为本的发展理念,相继出台《关于推进公共体育服务体系示范区建设的实施意见》《江苏省公共体育服务体系示范区建设职责任务分工方案的通知》《江苏省体育设施向社会开放管理办法》等一系列的文件,并随即下发各市、县(市、区),要求各市、县(市、区)根据文件精神制定出相应的实施细则、措施和工作方案,层层抓落实。与国家体育总局公共体育服务示范区协议签署后省政府高度重视示范区建设,明确目标,抓好顶层设计,把公共体育服务纳入经济社会发展规划、政府工作报告、财政预算和民生实事工程,即"四纳入"多部门协同推进。目前江苏省有479.3万的残疾人,这一群体是江苏省全民健身重要的组成部分,在江苏省出台的各项政策与措施中充分考虑对这一群体的兼顾,重视残疾人群体公共体育权利的实现[①](表5-28)。"十二五"期间在场馆开放、全民健身和残疾人体育健身服务方面提出了目标以及保障标准、经费支出保障等,并力争做到精准落实[②](表5-29和表5-30)。

表5-28 江苏省、市、区残疾人公共体育的文件表述一览表

文件名称	发文单位
《国家体育总局与江苏省人民政府建设公共体育服务体系示范区合作协议》	国家体育总局 江苏省人民政府
《江苏省全民健身条例》	江苏省人民代表大会
《江苏省残疾人保障条例》	

---

① 国家体育总局与江苏省人民政府共建公共体育服务体系示范区相关文件及领导讲话汇编[C].全国基本公共体育服务体系建设现场推进会.2016.
② 江苏省人民政府办公厅.《江苏省"十二五"基本公共服务体系规划》(苏政办发[2013]152号)[Z].2013-08-05.

(续表)

文件名称	发文单位
《江苏省"十二五"基本服务体系规划》	江苏省人民政府办公厅
《江苏省全民健身实施计划 2011—2015》	
《江苏省人民政府办公厅关于推进公共体育服务体系示范区建设的实施意见》	
《江苏省人民政府办公厅关于印发江苏省公共体育服务体系示范区建设职责任务分工方案的通知》	
《江苏省体育设施向社会开放管理办法》	
《江苏省公共体育服务体系示范区建设实施意见》《江苏省公共体育服务体系示范区指标体系》	江苏省体育局
《江苏体育发展"十三五"规划》	
《全国残疾人基本服务状况和需求调查》《全国残疾人文化体育建设示范市区创建工作》	江苏省残联
《南京市全民健身实施计划(2011—2015 年)》	南京市人民政府
《苏州市全民健身实施计划通知》	苏州市体育局
《武进区"公共体育服务体系示范区"工作任务分解表》	武进区体育局
《关于对特殊群体参与体育健身实行优惠的办法》	常州市体育局
《扬州市全民健身实施计划(2011—2015 年)》	扬州市体育局
《盐城市体育事业十二五发展规划》	盐城市体育局

(资料来源:全国基本公共体育服务体系建设现场推进会)

表 5-29　江苏省"十二五"基本公共服务体系发展目标

	发展
公共体育服务	加强基层公共体育设施建设,全面实施全民健身计划,健全基层全民健身组织服务体系,打造城市社区 10 分钟体育健身圈
残疾人公共文化体育服务	实行公共文化体育设施对残疾人优惠开放,完成省残疾人体育训练中心二期工程建设

资料来源:《江苏省"十二五"基本公共服务体系规划》苏政办发[2013]152 号

表5-30 江苏省"十二五"基本公共服务体系标准

服务项目	服务对象	保障标准	支出责任	覆盖水平
体育场馆开放	城乡居民	大型公共体育场馆向社会开放,对老年人、青少年、残疾人实行优惠;全民健身日免费开放。基层公共体育设施(城市的街道和社区居委会、农村的乡镇、行政村和农民集中居住点的体育设施)以及省辖市、县(市、区)室外田径场及室外篮球场、门球场等运动场地实行免费开放,免费项目和有关收费标准由地方政府制定,开放时间和公众的工作时间和学习时间适当错开。有条件的学校体育场地设施向社会开放	市、县政府负责,省级财政适当予以补助	可供使用的公共体育场所(含学校使用场地)占全省体育场地总数比例达到53%以上,学校体育场地设施向社会开放比率达50%以上
全民健身服务	城乡居民	免费享有健身技能指导、参加健身活动、获取科学健身知识等服务;免费提供公园、绿地等公共场所全民健身活动器材;每万人配备20名体育指导员,并拥有晨晚练健身站(点)5个以上	市、县政府负责,省级财政予以适当补助	经常参加体育活动的人数比率达到35%左右
残疾人体育健身服务	残疾人	免费享有体育健身指导服务	市、县政府负责,省级财政给予补助	建立120个残疾人体育健身示范点,经常参加体育健身的残疾人比率达到20%以上;目标人群覆盖率100%

资料来源:《江苏省"十二五"基本公共服务体系规划》苏政办发[2013]152号

通过特教学校学生、社区残疾人和家长问卷调查发现(表5-31),选择对参与体育活动的政策法规了解情况一般占比最高,为50.2%,说明大多数残疾人对国家颁布的有关残疾人的相关政策不是十分清楚,一方面,特教学校的学生平时在学校接触的有关政策法规的并不是很多,对这方面也不太关心;另一方面,很多社区残疾人无业、无收入、学历不高,再加之重残、多残、智障、精神残疾,所以对政策法规了解不多,既有客观上的原因,也有残疾人自身的主观原因。

第五章 江苏省残疾人公共体育服务现状分析研究

表 5-31 对政策法规了解情况（N=1 569）

项目	非常了解	比较了解	一般	不了解	完全不了解
频数/人	109	178	788	159	335
百分比/%	7.0	11.3	50.2	10.1	21.4

（二）组织保障

江苏省的残疾人公共体育服务主要依靠残联和体育局。从省残联到市级残联，从市残联到县级残联，从县级残联到街道办事处，全省残联四级组织建设构成了残疾人组织保障体系。残疾人组织从中残联体育部到各省、市、县残联以及社区残联专干组织体系渐趋完善，全省残疾人工作者数达到 5 万人，充分履行"代表、服务、管理"职能，为广大的残疾人提供服务，基本形成以残联主导依托社会组织购买公共体育服务，依托残疾人专门协会组织残疾人体育健身活动、体育比赛组织管理模式（图 5-2）。

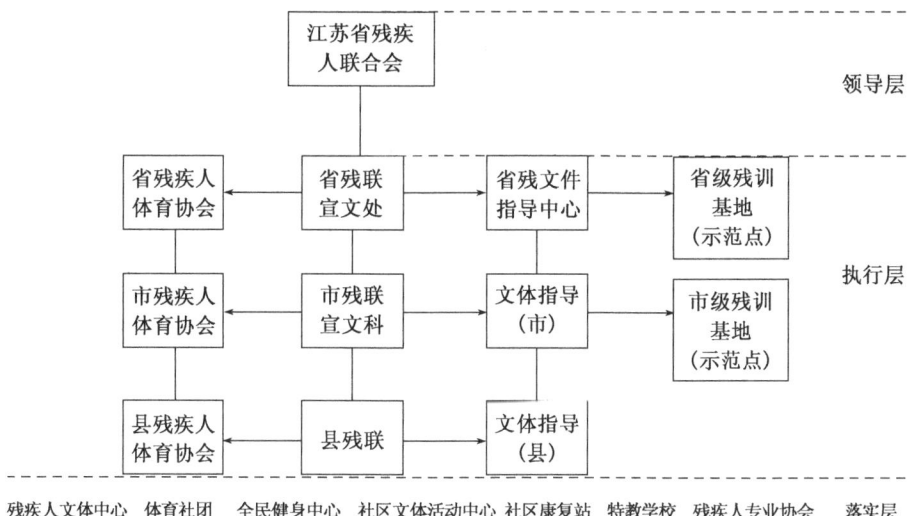

图 5-2 残疾人公共体育服务组织运行

省残联宣文部陈处长：全省残疾人体育工作由宣文部制订计划，包括群众性、竞技性和康复健身活动，具体实施下放各市级残联组织。

省残联宣文部钱主任：省级残疾人代表队、体育比赛主要依靠体育局完成，专业的教练员、比赛组织、比赛场地都是由体院、体工队二线教练承担。顶山残疾人运动管理中心承担全省及国家队训练任务。

南京市残联宣文处石处长:投入以设施为主,依托社区、社会公益组织和助残公益团队购买服务,覆盖每个社区。

玄武区残联吴副理事长:每年每区一次举办残疾人趣味运动,每个街道一个代表队。

省残联作为供给主体承担着全省残疾人公共体育服务的主导作用,所有关于残疾人公共体育服务的政策、规划都是由省残联制定完成,实施省级如培训、运动会、组队参赛、示范点建设规划等。市、区残联按照上一级的工作部署落实各项工作到乡镇、街道办事处,省残疾人体育协会每年召开一次全省协会单位会议,总结和部署每年的工作,协助各专门协会组织协调残疾人公共体育服务工作。

(三) 资源保障

对残联干部、残疾人专职人员调查显示,各市、县残联专门负责体育工作的主管人员比例为63.9%,一般市、县级残联有一名副理事长专门分管残疾人文化体育宣传工作。在街道、社区兼职负责残疾人体育工作人员有63.0%,专职只有37.0%,大部分乡、村街道、社区没有残联专职委员。各基层残联包括街道、社区对贯彻实施国家发布的残疾人体育健身活动相关政策的执行情况一般化,有条件的按照上一级发文执行,没有条件的则执行困难(表5-32)。近年来从省级残联到各市级、县级残联按照国家康复计划,相继在街道、社区建有运动康复站达到41.7%,有些乡村是将卫生医疗站、运动康复站合二为一,有些是将运动康复站和体育健身活动中心合二为一发挥为社区残疾人健身康复使用。

表5-32 残联干部调查表(N=108)

问项		频数/人	百分比/%
贵部门是否有专门体育主管人员	有	69	63.9
	无	39	36.1
属于	专职	40	37.0
	兼职	68	63.0
贵部门对贯彻实施国家发布的残疾人体育健身活动相关政策的执行情况	很好	42	38.9
	一般	43	39.8
	不太好	23	21.3

1. 提供体育活动器材情况

从调查表5-33可知,提供体育活动器材情况比例从高到低依次为:基本能够提供的比例为38.3%,能够提供的比例为27.3%,不能够提供的比例为14.5%,完全能够提供的比例为13.2%,根本不能够提供的比例为6.7%。说明社区、特教学校提供的体育设施基本上能够满足社区残疾人和特教学校学生的体育活动。

表5-33 特教学校或社区提供体育活动器材情况($N=862$)

项目	完全能够	基本能够	能够	不能够	根本不能够
频数/人	114	330	235	125	58
百分比/%	13.2	38.3	27.3	14.5	6.7

2. 学校外开放学校体育场馆设施情况

调查显示特教学校体育场馆设施全部对外不开放的达到59.5%,部分开放的仅为28.6%,其中基本上都是在课余或假期向所有公众开放。有71.4%特教学校在课余或假期向在校学生开放,开放使用时也不要费用占到45.2%(表5-34)。特教学校不对外开放体育场馆主要是考虑到学生的特殊性和安全性,同时还有重要的一点是,场地设施的维护费用增加特教学校的运行成本,这部分资金无处落实。显然学校体育场馆的开放率不高,使得很多残疾人无法参加体育健身活动,在与苏州聋人协会刘主席、南京富贵山社区残疾人座谈时,他们一再提到聋人以及残疾人没有场地打篮球、排球,学校场馆不开放的问题。因此,如何破解制约资源开放共享的瓶颈,打破条块分割,整合体育局、社区、街道不同领域、区间、系统的资源,合理解决安全、管理、物耗三大阻碍学校场馆开放的障碍是各地方政府和教育、体育部门急需思考的问题。

表5-34 特教学校外开放学校体育场馆设施情况分析($N=42$)

问项		频率/人	百分比/%
对外开放学校体育场馆设施	全部开放	5	11.9
	部分开放	12	28.6
	全部不开放	25	59.5
在课余或假期向所有公众开放	是	25	59.5
	不是	17	40.5

(续表)

项目		频率/人	百分比/%
在课余或假期仅向在校学生开放	是	30	71.4
	不是	12	28.6
开放使用时需要费用	是	23	54.8
	不是	19	45.2

3. 获取体育相关知识的途径

调查显示(表5-35),残疾人获取体育知识的途径占比由高到低分别是电视占51.1%,网络占31.9%,朋友分享占25.2%,报纸占23.6%,手机信息占23.0%,家人提供占18.4%,社区宣传栏占14.5%。显然,在信息社会残疾人和普通群众一样也是充分利用电子设备了解更多的体育健身知识和信息。电视成为残疾人喜闻乐见了解家以外世界的首要窗口,他们不出门就可以了解世界;其次是网络,现在人们对于网络的依赖越来越普及化,强大的网络功能可以实现足不出户的各种便利,包括对体育知识的了解;最后是朋友分享,残疾人的身份认同感十分强烈,从调查来看残疾人喜欢和同残疾类别的朋友、同学在一起而不愿意和健全人交流沟通。

表5-35 获取体育知识的途径情况($N=1569$)

项目	电视	报纸	网络	手机信息	社区宣传栏	家人提供	朋友分享
频数/人	802	371	500	361	227	288	396
百分比/%	51.1	23.6	31.9	23.0	14.5	18.4	25.2

二、江苏省残疾人公共体育服务保障存在的问题及成因分析

(一) 江苏省残疾人公共体育服务保障存在的问题

1. 适合残疾人体育健身活动的场地设施不足

从调查显示适合残疾人体育健身活动的场馆设施不足,针对残疾人免费使用场馆器材以及无障碍设施都是制约残疾人参加体育健身的首要问题。行动不方便、场馆没有无障碍设施轮椅进不了场馆,小区、广场、公园没有适合残疾人的体育健身器材。老城区、乡镇公共体育设施数量少、设施老化、破损严重,有些社区健身器材则成为居民晒衣晾被的工具,村里篮球场荒废杂草丛生,无人管理。

2. 残疾人公共体育服务组织保障不完善

省残联胡处长：目前残疾人的公共服务很难达到全覆盖、制度不完善，大多数残疾人享受不到群众性的体育健身活动，经费都用在竞技体育。

苏州市残联副理事长：残疾人公共体育服务的运行需要残疾人个体、家庭、残联和政府、社会组织和企业共同努力，否则少了哪一个环节都不行。

通过与残联干部、专职委员的座谈可知，目前江苏省残联和政府主要是以资金和设施的方式提供公共体育服务，与通过效率机制、公平机制、激励机制和公共监督机制实现均等化、高效化的残疾人公共体育服务还有一定的差距。各地市、县级残联努力寻求残保金、福利彩票等资金的注入，通过引入市场化运行提高服务的效率，并依靠残疾人受众对政府和残联提供的服务进行满意度评价，利用社会公共媒体等进行监督。目前供给主体既是发令员又是运动员，公共体育服务缺少监督，残疾人又缺乏表达渠道，导致残联或政府独大，自个说了算的现状。

在与残疾人座谈调查中发现，许多残疾人对组织保障表现茫然，更多的是盲从，因为基层组织建设缺乏，很多社区残疾人不知道有残疾人自己的组织，基层残联专干、体育部门没有能深入到社区、学校残疾人，组织开展各项体育健身活动，形成常态化的残疾人各类社会体育组织，学校之间也没有成立残疾人青少年体育组织，残疾人更多的是自组织的形态出现。社区康复站、文化体育健身站没有能很好地发挥基层组织的服务功能，社区残疾人健身指导员培训体系还有待于加强。残疾人体育需要全社会的支持，但目前更多地依赖于残联的政府行为，如许多残疾人群众性体育比赛、活动都是在残联和政府体育部门的组织下完成，社区组织的比赛活动非常少，有近50％的残疾人没有参加过任何体育组织，残疾人的专业组织也没有发挥出自组织的作用，大多数残疾人依然是处在自娱自乐的状态，一方面是残疾人缺乏社会体育组织多元化供给，另一方面体育组织的社会体育组织受到多种因素的制约无法发挥作用。

3. 残疾人体育健身的项目单一

残疾人参加体育健身活动中最为常见的是散步、跑步以及一些球类活动。还有一些社区聋人喜欢广场舞，这些体育项目简单易学、无需支出成为残疾人选择多的重要因素。而适合残疾人功能训练、康复健体的健身项目则十分缺乏，如何开发和研制残疾人体育项目，尤其是在社区，残疾人普遍年龄比较大,加上多重残疾居多,这些残疾人如何进行体育健身锻炼。

4. 残疾人接受专业体育健身指导匮乏

"十二五"期间,江苏省残联和体育局合作逐步进行残疾人体育健身指导员培训工作,但是经过二级、三级培训的这些残疾人体育健身指导员很少在社区、学校康复站、体育健身中心进行指导工作。社区、学校也很少有专业健身指导培训,社区残疾人缺乏健身指导的情况相当普遍,由于缺乏不同残疾类别的残疾人有针对性的运动建议和指导,许多康复健身器材闲置,这对残疾人群众体育的持续化、科学化发展产生不利影响。由于缺乏对残疾人体育健身指导员登记和注册的管理制度,为残疾人提供健身指导服务成为一句口号。

(二) 江苏省残疾人公共体育服务保障问题的成因分析

1. 重视程度不够

江苏省的经济发展走在全国前列,2016 年的 GDP 实现 7.6 万亿,人均可支配收入破 3 万元,其中在 13 个市中苏州市 2016 上半年 GDP 总额排名第一。江苏省完全具备加快建设覆盖城乡、各类别残疾人公共体育服务保障的能力,然而在重视程度上残疾人往往是被遮蔽的群体,在公共体育服务中处于边缘化的地位,政府和体育部门缺少对残疾人公共体育服务的高度关注。在全省公共体育服务重点领域与政策取向缺乏针对残疾人特殊健身需求的内容和有效措施,造成了整体公共体育服务发展的不平衡。江苏省近 50 万残疾人的身体健康不仅仅是残联的事,也是体育、卫生医疗、文化教育的事,仅依靠残联提供保障,显然无法满足残疾人的实际需求。

2. 服务保障严重不足,保障机制不完善

在江苏省残疾人总数中,城镇残疾人口为 124 万人,占 25.89%;农村残疾人口为 355.3 万人,占 74.11%。有近 198 多万农村残疾人尚未脱贫,近 22 万城镇残疾人生活十分困难。大多数残疾人生活在农村,残疾人总体生活状况与社会平均水平还有很大差距。[①] 这表明,没有健全的保障制度,残疾人群体的公共体育服务举步维艰。在现行公共体育服务保障制度建设中,缺乏对残疾人的统筹规划和总体设计,覆盖面窄、有效性不高,残疾人享有的机制保障十分有限,同时面向残疾人的专项保障制度亦存在着被割裂的危

---

① 江苏省残联.江苏省残疾人状况分析和事业发展研究[M].南京:河海大学出版社,2009:268 - 289.

险,从而使得残疾人公共体育服务保障无法健康有序地发展,保障与服务能力和水平与广大残疾人需求之间还存在比较大的差距,难以有效解决残疾人最关心、最直接、最现实的特殊困难和基本需求。

3. 残疾人老龄化凸显,公益性保障缺失

目前江苏60岁以上的老年残疾人为287.7万人,占残疾人总数的60.02%,高于全国同期平均水平;70～79岁残疾人数近125万人,老年残疾人类型以听残、肢残、视残和多重残为主;农村老年人和女性老年人残疾率高[①],面对残疾人老龄化的趋势,残联和政府在公共体育服务保障没有采取具体的措施,保障其最基本的生存和发展权利。数据显示,江苏省残疾人家庭人均收入远低于全国人均水平,有11%的农村残疾人家庭生活在贫困之中,农村残疾人的贫困问题尤为突出。[②] 残疾人就业率较低,残疾人在业率为52.8%,低于社会平均就业率。[③] 许多残疾人和有残疾人的家庭由残而困、因残致贫。加大福利性公益服务保障是解决困难残疾人群体和经济不发达地区享受到基本公共服务有效措施,从而实现精准服务。

第五节　江苏省残疾人公共体育服务满意度评价及影响因素研究

转变政府职能建立服务型政府,强化政府服务功能,提升服务质量是进一步改进和完善残疾人公共体育服务体系的关键所在。[④] 政府作为公共体育服务提供者,其提供的公共体育服务是否能满足残疾人的需求,残疾人对于政府提供的公共体育服务是否满意[⑤],都是衡量政府供给能力和评价绩效的重要标准。满意度是残疾人对公共体育服务最为直接的感受和体会,也能直接反映公共体育服务水平和质量。政府或公共部门通过满意度分析与评价,可以掌握公共体育服务的开展现状及成效,进而形成评价机制。因此,残

---

① 黄润龙,刘敏,应启龙.老年残疾人家庭现状与需求特点分析[J].南京人口管理干部学院学报,2010,(4):25-31.
② 刘敏.江苏省残疾人社会保障的现状调查与对策研究[J].西北人口,2008,(6):79-82.
③ 江苏省政府研究室课题组.江苏残疾人就业发展问题研究[J].社会纵横,2008,(11):77-80.
④ 卢跃东.基于公众满意度的公共体育服务绩效实际测评、影响因素及优化路径研究[D].上海:上海体育学院,2013.
⑤ 王梦阳.政府公共体育服务满意度绩效评估指标的构建:以上海市为例[J].体育科学,2013,(10):63-70.

疾人公共体育服务满意度,不仅能够客观测评政府及公共部门自身效能建设和满足残疾人公共需求的状况及其差距,还能够通过评价政府工作的绩效和效率,促进政府职能部门不断完善自身工作。[①]

一、江苏省残疾人公共体育设施与服务满意度评价分析

残疾人公共体育服务设施满意度从体育设施数量、种类、便利性、收费、开放时间、管理和总体满意度 7 个方面入手,采用五级满意标准来衡量残疾人对公共体育设施服务的满意程度。[②] 残疾人公共体育服务保障满意度从组织管理、活动开展、健身指导、信息服务和服务保障总体 5 个方面入手,采用五级满意标准来衡量残疾人对公共体育保障服务的满意程度。

(一) 特殊教育学校公共体育设施与服务满意度分析

1. 不同性别满意度分析

通过 T 检验分析发现,特殊教育学校男性与女性学生在服务保障总体满意度方面有极显著性差异($P<0.01$),在体育设施管理、活动开展、健身指导满意度方面男性与女性具有显著性差异($P<0.05$)。女性在体育设施及服务保障各方面的满意度和总体满意度均高于男性(表 5-36)。

表 5-36 不同性别特殊学校学生满意度比较(T 检验)

项目	男性 平均值	男性 标准差	女性 平均值	女性 标准差	T	P
体育设施数量	3.69	1.182	3.72	0.927	−0.258	0.796
体育设施种类	3.62	1.180	3.78	0.910	−1.747	0.081
体育设施便利性	3.61	1.117	3.71	0.961	−1.029	0.304
体育设施收费	3.51	1.269	3.58	1.155	−0.666	0.506
开放时间	3.70	1.201	3.81	1.059	−1.186	0.236
体育设施管理	3.63	1.161	3.85	0.951	−2.352	0.019*
体育设施总体	3.64	1.165	3.78	0.930	−1.446	0.149
组织管理	3.73	1.068	3.88	0.891	−1.787	0.075

---

① 许慧才.以满意度为导向的政府绩效评估研究:基于对成都市政府公共服务供给公众满意度的调研结果及分析[D].成都:西南财经大学,2009:10
② 蔡景台,樊炳有,王继帅.城市体育公共服务居民满意度调查分析[J].北京体育大学学报,2009,(6):31-34.

(续表)

项目	男性 平均值	男性 标准差	女性 平均值	女性 标准差	T	P
活动开展	3.72	1.076	3.94	0.909	−2.566	0.011*
健身指导	3.63	1.115	3.84	0.931	−2.300	0.022*
信息服务	3.58	1.073	3.69	0.942	−1.219	0.223
服务保障总体	3.52	1.092	3.75	0.931	−2.648	0.008**

* $P<0.05$，** $P<0.01$。

特殊教育学校女性在体育设施及服务保障各方面的满意度和总体满意度均高于男性，特别是在体育设施管理、活动开展、健身指导方面具有显著性差异，尤其在服务保障总体满意度方面有极显著性差异。这与女性的生理结构和运动态度有直接关系，女性在平时的体育活动和健身锻炼方面整体水平低于男性，运动热情不如男性强烈，相应的对体育设施及服务要求低于男性，所以对体育设施及服务的满意度较高。

2. 不同户籍满意度分析

通过 T 检验分析发现，特殊教育学校城镇与农村学生在体育设施及服务保障满意度的各个方面差异不大，从各维度的均数比较发现，除体育设施收费满意度之外，其他几个方面的满意度以及总体满意度，城镇学生高于农村学生（表 5‑37）。

表 5‑37　不同户籍特殊学校学生满意度比较（T 检验）

项目	城镇 平均值	城镇 标准差	农村 平均值	农村 标准差	T	P
体育设施数量	3.80	0.984	3.65	1.122	1.558	0.120
体育设施种类	3.76	0.952	3.65	1.133	1.194	0.233
体育设施便利性	3.68	0.997	3.64	1.082	0.420	0.675
体育设施收费	3.52	1.159	3.56	1.255	−0.329	0.743
开放时间	3.75	1.090	3.75	1.171	0.049	0.961
体育设施管理	3.79	1.023	3.69	1.108	1.011	0.312
体育设施总体情况	3.80	0.998	3.64	1.104	1.684	0.093
组织管理	3.85	0.885	3.76	1.055	0.931	0.352

(续表)

项目	城镇 平均值	城镇 标准差	农村 平均值	农村 标准差	T	P
活动开展	3.86	0.907	3.79	1.067	0.752	0.452
健身指导	3.75	0.966	3.71	1.085	0.473	0.637
信息服务	3.64	0.940	3.62	1.061	0.244	0.808
服务保障总体	3.63	0.963	3.62	1.068	0.196	0.844

* $P<0.05$，** $P<0.01$。

近年来政府相继出台新政策,对受教育阶段残疾学生减免学费,减轻残疾学生家庭的经济压力,并且政府和残联加大特殊教育学校的资金投入,城镇与农村特殊教育学校的体育设施差距逐步减小,这也是城镇和农村特殊教育学校学生总体满意度差异不大的主要原因。城乡经济发展水平不均衡,相对来说城镇公共体育设施丰富性要高于农村,城镇学生有更多的机会接受公共体育服务,所以在体育设施数量、种类、便利性、管理、服务方面满意度较高,但是由于城镇人口环境复杂,体育设施相对不足,商业运营的体育场馆及设施都要收取一定费用,对没有收入的特殊教育学校学生来说是一笔不小的开支,经济压力比较大,所以城镇体育设施收费满意度低于农村满意度。

3. 不同年龄满意度分析

通过单因素方差分析,发现不同年龄特殊教育学校学生在体育设施数量满意度、体育设施种类、体育设施收费满意度方面存在显著性差异($P<0.01$),在体育设施便利性、体育设施管理、体育设施总体情况、组织管理、信息服务满意度方面存在差异性($P<0.05$)。其中,年龄在24岁以上的特殊教育学校学生对公共体育设施及服务的满意度最高,19~23岁的特殊教育学校学生满意度最低(表5-38)。

表5-38 不同年龄特殊教育学校学生满意度比较(F检验)

项目	18岁及以下 平均值	18岁及以下 标准差	19~20岁 平均值	19~20岁 标准差	21~23岁 平均值	21~23岁 标准差	24~25岁 平均值	24~25岁 标准差	25岁以上 平均值	25岁以上 标准差	F	P
体育设施数量	3.67	1.153	3.67	0.996	3.58	1.019	4.18	0.853	4.30	0.993	3.700	0.006**
体育设施种类	3.66	1.217	3.65	0.971	3.57	0.899	4.14	0.774	4.30	0.993	3.651	0.006**
体育设施便利性	3.67	1.116	3.60	1.013	3.51	0.964	4.05	0.785	4.19	1.075	3.224	0.012*

(续表)

项目	18岁及以下 平均值	18岁及以下 标准差	19～20岁 平均值	19～20岁 标准差	21～23岁 平均值	21～23岁 标准差	24～25岁 平均值	24～25岁 标准差	25岁以上 平均值	25岁以上 标准差	F	P
体育设施收费	3.65	1.210	3.42	1.184	3.30	1.238	3.91	1.109	4.19	1.145	4.557	0.001**
开放时间	3.74	1.160	3.63	1.155	3.73	1.068	4.09	1.109	4.22	1.155	2.061	0.085
体育设施管理	3.71	1.121	3.61	1.081	3.69	0.997	4.05	0.899	4.33	1.000	3.135	0.015*
体育设施总体情况	3.66	1.134	3.62	1.039	3.66	0.993	4.14	0.774	4.26	1.023	3.119	0.015*
组织管理	3.85	0.950	3.70	1.075	3.67	0.940	4.09	1.019	4.22	1.013	2.735	0.028*
活动开展	3.83	1.040	3.70	1.040	3.79	0.955	4.18	0.795	4.22	0.892	2.315	0.056
健身指导	3.75	1.030	3.67	1.032	3.60	1.034	4.00	1.024	4.07	1.174	1.731	0.142
信息服务	3.68	1.046	3.50	1.019	3.56	0.963	3.77	0.922	4.19	0.921	3.040	0.017*
服务保障总体	3.63	1.012	3.52	1.066	3.60	0.976	3.77	0.973	4.07	1.174	1.764	0.135

* $P<0.05$,** $P<0.01$。

24岁以上特殊教育学校学生对公共体育设施及服务保障总体满意度高于其他几个年龄段，这与学生的社会角色、心理成熟度有关系，这个年龄段的特殊教育学校学生有能力通过有效途径了解到残疾人公共体育设施及服务发展的相关信息，并且可能参与到相关工作中来，对残疾人事业发展的认识更加深入，从而进行客观的评价。18岁及以下特殊教育学校学生由于没有工作的压力，特殊教育学校的体育设施及服务也比较到位，同时享受国家特殊教育学校学生的各种免费福利待遇，基本上是能够满足学习生活需要，能经常参加学校组织的各项义化体育活动，并且表现出极大地满足感，对公共体育设施及服务的满意度在中间水平。19～23岁特殊教育学校学生的体育设施及服务总体满意度最低，这主要与这个年龄阶段特征有关，这个年龄段基本处在大专或者大学阶段，同时处在世界观、人生观、价值观成长阶段，对周围环境的心理预期落差影响特校学生的健身锻炼需求，从而影响了他们总体的满意度。

4. 不同学历满意度分析

通过单因素方差分析，发现不同学历特殊教育学校学生在体育设施数量、体育设施便利性、体育设施收费、开放时间满意度方面具有显著性差异（$P<0.01$），在体育设施种类、体育设施管理、组织管理、健身指导满意度方

面具有差异性($P<0.05$)(表5-39)。

表5-39 不同学历特殊教育学校学生满意度比较(F检验)

项目	研究生 平均值	研究生 标准差	大学 平均值	大学 标准差	高中 平均值	高中 标准差	初中 平均值	初中 标准差	小学 平均值	小学 标准差	F	P
体育设施数量	3.33	1.528	3.72	0.963	3.43	1.134	3.97	1.033	3.73	1.173	4.894	0.001**
体育设施种类	3.33	0.577	3.65	0.915	3.53	1.147	3.90	1.075	3.73	1.239	2.433	0.047*
体育设施便利性	4.00	1.000	3.54	0.957	3.52	1.147	3.96	0.953	3.56	1.162	4.490	0.001**
体育设施收费	3.67	1.155	3.33	1.224	3.36	1.294	3.97	1.053	3.62	1.140	6.897	0.000**
开放时间	4.33	1.155	3.66	1.172	3.54	1.169	4.06	1.025	3.77	1.096	4.711	0.001**
体育设施管理	4.00	1.000	3.65	1.030	3.56	1.151	3.90	1.068	3.98	0.939	2.888	0.022*
体育设施总体情况	4.00	1.000	3.66	0.992	3.54	1.124	3.86	1.044	3.85	1.161	2.000	0.093
组织管理满意度	4.00	1.000	3.72	0.976	3.66	1.066	3.98	0.943	3.94	0.916	2.613	0.035*
活动开展	3.67	1.155	3.78	0.921	3.66	1.090	3.96	1.016	4.04	0.969	2.387	0.050
健身指导	3.00	1.000	3.64	1.014	3.60	1.108	3.87	1.012	4.00	0.929	2.863	0.023*
信息服务	3.67	1.155	3.52	0.958	3.54	1.027	3.76	1.033	3.90	1.071	2.376	0.051
服务保障总体	3.67	1.155	3.55	1.010	3.52	1.047	3.77	1.029	3.75	1.007	1.613	0.169

* $P<0.05$，** $P<0.01$。

根据统计分析，研究生学历、义务教育阶段的特殊教育学校学生对公共体育设施及服务的满意度比较高，高中生满意度比较低。这与前面不同年龄阶段学生满意度相符合。其中研究生学历对体育设施总体情况满意度最高，初中学历对服务保障总体满意度最高。这与高中阶段学生学习压力大、缺乏运动时间有很大的关系，高中阶段的特殊教育学校学生面临升学压力，时间紧任务重，没有时间参与体育健身活动，健身需求得不到满足，对体育活动产生消极情绪，影响满意程度；义务教育阶段学生课外活动时间充分，学生的好奇心比较强烈，热爱体育活动，对生活中的事情保持高度的热情，同时义务教育阶段学校体育设施及服务比较齐全，所以整体满意度较高；研究生阶段学生学历较高，个人的价值追求也随之提高，在满足基本的需求之外更看重自我实现的价值，社会参与度较高，各大高校的体育设施比较便利，所以研究生学历的学生对公共体育设施及服务的满意度也随之提高。

5. 不同残疾类型满意度分析

通过单因素方差分析，不同残疾类型特殊教育学校学生在体育设施收

表 5-40 不同残疾类型特殊学校学生满意度比较（F 检验）

项目	听力 平均值	听力 标准差	语言 平均值	语言 标准差	视力 平均值	视力 标准差	智力 平均值	智力 标准差	肢体 平均值	肢体 标准差	精神 平均值	精神 标准差	多重 平均值	多重 标准差	F	P
体育设施数量	3.65	1.01	3.77	0.92	3.68	1.24	3.44	0.88	3.93	1.054	5.00	0	3.64	1.135	1.019	0.412
体育设施种类	3.71	1.008	3.67	0.985	3.58	1.182	3.33	1.323	3.91	1.100	5.00	0	3.62	1.057	1.187	0.311
体育设施便利性	3.71	0.985	3.58	0.893	3.67	1.126	3.22	1.302	3.67	1.188	5.00	0	3.53	1.063	0.792	0.576
体育设施收费	3.46	1.197	3.71	1.210	3.68	1.162	3.11	0.928	3.84	1.293	1.00	0	3.19	1.235	3.080	0.006**
开放时间	3.79	1.044	3.71	1.054	3.80	1.176	3.67	0.866	3.91	1.225	1.00	0	3.38	1.335	2.366	0.029*
体育设施管理	3.72	1.010	3.81	0.886	3.71	1.232	3.67	0.707	3.97	1.142	2.00	0	3.47	1.047	2.334	0.031*
体育设施总体情况	3.68	0.981	3.62	0.993	3.72	1.171	3.56	1.236	4.00	1.167	5.00	0	3.50	1.047	1.797	0.098
组织管理	3.75	0.960	3.92	0.813	3.87	0.964	3.56	0.882	3.93	1.159	5.00	0	3.55	1.111	1.435	0.199
活动开展	3.78	0.982	3.87	0.864	3.89	1.034	3.44	0.882	3.93	1.108	4.00	0	3.72	1.105	0.621	0.713
健身指导	3.72	0.983	3.88	0.922	3.76	1.058	3.44	0.882	3.76	1.209	4.00	0	3.52	1.143	0.744	0.614
信息服务	3.55	0.950	3.63	0.991	3.72	1.035	3.67	1.225	3.83	1.076	3.00	0	3.52	1.143	0.987	0.433
服务保障总体	3.58	0.930	3.69	0.897	3.76	1.016	2.56	1.424	3.80	1.211	4.00	0	3.41	1.124	2.914	0.008**

* $P<0.05$，** $P<0.01$。

费、服务保障总体满意度方面存在显著性差异($P<0.01$),在开放时间、体育设施管理满意度方面具有差异性($P<0.05$),在体育设施数量、种类、便利性以及组织管理、活动开展、健身指导、信息服务满意度等服务方面差异性不大(表5-40)。

数据显示,听力障碍学生的体育设施便利性满意度最高,这是因为听力障碍学生在使用体育设施过程中和健全人群一样几乎没有什么障碍。语言障碍学生在健身指导方面满意度最高,这主要与语言障碍人群可以通过各种表达方式如手语、书写、肢体交流等达到沟通有关。肢体残疾的体育设施总体满意度和服务保障总体满意度高于其他残疾类别。通过调查发现由于残疾类型的不同,参与体育活动的态度和积极性也不一样:肢体残疾学生体育设施及服务满意度最高,因为肢体残疾学生可以参加的体育活动项目丰富,活动的选择性较多。听力障碍学生四肢健全的便利使得他们参与体育活动的机会较多,表现积极性较高,对体育设施及服务的满意度相对较高;而智力、多重残疾的学生参加体育活动相对较困难,很难满足他们的健身需求,所以对体育设施及服务的满意度最低。

(二) 社区残疾人公共体育设施与服务满意度分析

1. 不同性别满意度分析

通过T检验分析发现,男性与女性社区残疾人在开放时间和设施总体满意度方面具有极显著性差异($P<0.01$),在体育设施数量、种类、便利性和总体服务保障满意度方面男性与女性具有显著性差异($P<0.05$)。男性在体育设施及服务保障各方面的满意度和总体满意度均高于女性(表5-41)。

表5-41 不同性别社区残疾人满意度比较(T检验)

项目	男性 平均值	男性 标准差	女性 平均值	女性 标准差	T	P
体育设施数量	3.65	1.092	3.36	1.080	2.296	0.022*
体育设施种类	3.63	1.076	3.35	1.054	2.358	0.019*
体育设施便利性	3.60	1.097	3.32	1.089	2.237	0.026*
体育设施收费	3.59	1.136	3.36	1.168	1.772	0.077
开放时间	3.69	1.149	3.35	1.116	2.614	0.009**
体育设施管理	3.67	1.076	3.60	3.776	0.259	0.796

(续表)

项目	男性 平均值	男性 标准差	女性 平均值	女性 标准差	T	P
体育设施总体情况	3.65	1.065	3.31	1.080	2.739	0.007**
组织管理	3.71	1.019	3.48	1.073	1.942	0.053
活动开展	3.67	1.012	3.47	1.041	1.721	0.086
健身指导	3.59	1.063	3.39	1.091	1.624	0.105
信息服务	3.67	1.021	3.50	1.042	1.499	0.135
服务保障总体	3.68	0.991	3.44	1.064	2.095	0.037*

* $P<0.05$，** $P<0.01$。

男性社区残疾人在体育设施数量、种类、便利性方面和服务保障总体的满意度与女性具有显著性差异，尤其在开放时间和体育设施总体满意度方面极具显著性差异，这主要是由于男性与女性社区残疾人在生活、工作、收入等方面的压力以及社会地位和角色的不同所致。通过座谈和入户调查发现，女性社区残疾人相对于男性而言常常是出于被动和劣势地位，大部分女性尤其是农村残疾人是处于失业状态，她们不仅要面临生活的压力，还要面对工作、就业等方面的压力。而男性相对在就业、收入等方面有一定优势，更容易走出家门接触社会，这在一定程度上增加他们的满意度。

2. 不同户籍满意度分析

通过 T 检验分析发现，城镇与农村社区残疾人在体育设施及服务保障满意度的各个方面不具有显著性差异，从各维度的均数比较发现，除体育设施管理满意度之外，其他几个方面的满意度以及总体满意度，农村社区残疾人均高于城市(表 5‑42)。

表 5‑42　不同户籍社区残疾人满意度比较(T 检验)

项目	城镇 平均值	城镇 标准差	农村 平均值	农村 标准差	T	P
体育设施数量	3.51	1.081	3.62	1.121	−0.877	0.381
体育设施种类	3.47	1.046	3.64	1.125	−1.400	0.162
体育设施便利性	3.45	1.063	3.59	1.169	−1.099	0.273
体育设施收费	3.42	1.136	3.66	1.169	−1.822	0.069

(续表)

项目	城镇 平均值	城镇 标准差	农村 平均值	农村 标准差	T	P
开放时间	3.52	1.127	3.65	1.185	−1.031	0.303
体育设施管理	3.65	2.885	3.63	1.120	0.080	0.936
体育设施总体情况	3.49	1.055	3.59	1.131	−0.788	0.431
组织管理	3.61	0.972	3.72	3.65	−0.335	0.738
活动开展	3.58	.965	3.63	1.135	−0.352	0.725
健身指导	3.49	1.064	3.57	1.101	−0.618	0.537
信息服务	3.56	.991	3.70	1.100	−1.242	0.215
服务保障总体	3.54	.996	3.70	1.069	−1.333	0.184

* $P<0.05$，** $P<0.01$。

近年来，政府通过顶层设计，相继出台的各项惠民政策，尤其是对残疾人免费、减费等政策对城市和农村社区残疾人参与健身活动起到有效帮助，各个社区相配套的体育设施和无障碍设施以及政府建设各类体育场馆、体育公园、健身步道、学校场馆的开放使得城市和农村社区残疾人能够更加容易地锻炼。同时江苏省创建示范区建设对城镇与农村的公共体育设施和管理进行整体布局、达标和检查，使得城镇与农村的体育设施、管理没有很大的区别，有些条件比较好的农村社区体育设施甚至比城镇社区还要好。再各市县镇按照省人民政府、体育局公共体育服务建设要求无缝对接，文化体育活动中心（站）、康复站、篮球场（馆）也纳入每年政府工作的必检内容，城镇与农村社区体育设施差距逐步减小，这也与课题组的实地调查情况相一致。

3. 不同年龄满意度分析

通过单因素方差分析，发现不同年龄社区残疾人在体育设施及服务保障满意度的各个方面不具有显著性差异，从各维度的均数比较发现，18岁以下和70岁以上社区残疾人在体育活动开展、组织管理、健身指导、信息服务满意度及服务保障总体满意度均高于其他年龄，18～30岁社区残疾人的体育设施管理总体满意度最低，31～45岁社区残疾人的体育服务保障总体满意度最低（表5-43）。

18岁以下和70岁以上社区残疾人对公共体育设施及服务保障总体满

第五章 江苏省残疾人公共体育服务现状分析研究

表 5-43 不同年龄社区残疾人满意度比较（F 检验）

项目	18 岁以下 平均值	18 岁以下 标准差	18~30 岁 平均值	18~30 岁 标准差	31~45 岁 平均值	31~45 岁 标准差	46~59 岁 平均值	46~59 岁 标准差	60~69 岁 平均值	60~69 岁 标准差	70 岁及以上 平均值	70 岁及以上 标准差	F	P
体育设施数量	3.50	0.707	3.60	0.778	3.47	1.107	3.56	1.121	3.51	1.287	4.11	0.928	0.610	0.693
体育设施种类	3.50	0.707	3.58	0.712	3.46	1.099	3.56	1.078	3.41	1.322	4.22	0.833	0.961	0.442
体育设施便利性	3.50	0.707	3.58	0.781	3.40	1.142	3.53	1.101	3.51	1.306	3.89	0.928	0.455	0.810
体育设施收费	3.00	0.000	3.68	1.023	3.41	1.135	3.49	1.150	3.51	1.362	4.11	0.928	0.900	0.481
开放时间满意度	3.50	0.707	3.70	1.043	3.47	1.138	3.56	1.121	3.56	1.397	4.11	0.928	0.661	0.653
体育设施管理	3.50	0.707	3.55	0.932	3.45	1.065	3.88	3.654	3.46	1.398	3.89	0.928	0.472	0.797
体育设施总体情况	3.50	0.707	3.45	0.904	3.49	1.075	3.56	1.063	3.54	1.380	3.78	0.833	0.189	0.967
组织管理	4.00	1.414	3.80	0.911	3.54	1.106	3.59	1.023	3.71	1.101	3.89	0.782	0.601	0.700
活动开展	4.00	1.414	3.78	0.800	3.54	1.099	3.52	0.988	3.73	1.162	4.00	0.707	0.936	0.458
健身指导	4.00	1.414	3.73	0.877	3.40	1.095	3.46	1.079	3.66	1.196	4.00	0.866	1.211	0.303
信息服务	4.00	1.414	3.73	0.816	3.52	1.075	3.59	1.046	3.73	1.096	3.89	0.782	0.597	0.703
服务保障总体	4.00	1.414	3.73	0.847	3.52	1.075	3.56	0.986	3.66	1.175	4.00	0.866	0.658	0.655

* $P<0.05$，** $P<0.01$。

意度高于其他年龄段,这与残联的四级联动工作有密切关系,课题组在调查中发现社区负责残疾人工作以及残疾人专干对社区残疾人情况十分熟悉,包干到户的工作体制,使得专干们十分了解每户残疾人家庭的具体情况,残疾人的各项工作包括文化体育活动的组织、开展都是由社区残联专干负责到户,尤其是18岁以下和70岁以上社区残疾人由于没有工作的压力,大多又能享受到国家低保、重残等福利待遇,基本上是能够满足生存生活需求,所以能经常参加社区组织的各项文化体育活动,并且表现出极大地满足感。18～30岁社区残疾人的体育设施管理总体满意度最低,这主要与这个阶段年龄特征有关,精力充沛,好动,喜欢参与各种体育活动,然而社区以及周边现有的一些体育设施不能满足他们的健身锻炼需求,从而影响他们总体的满意度。31～45岁社区残疾人的体育服务保障总体满意度最低,主要是这个年龄阶段的残疾人大多已走上社会,生活经验丰富,对生活追求的目标也高,需要社区提供更多的服务来保障他们的健身需求,对服务保障的要求就会增加,因此会表现不满。

4. 不同学历满意度分析

通过单因素方差分析,发现不同学历社区残疾人在体育设施便利性、收费、设施管理满意度和信息服务满意度方面具有显著性差异($P<0.05$)。小学程度的残疾人体育设施便利性、收费和设施管理满意度以及体育设施总体满意度和服务保障总体满意度高于其他受教育的,研究生学历的残疾人在体育设施便利性、收费和设施管理满意度较低(表5-44)。

小学学历的残疾人在体育设施总体满意度和服务保障总体满意度较高,研究生学历的最低,这与实地座谈结果相一致,社区里文化程度低的残疾人越容易满足,对社区组织的各项活动表现出积极乐观的态度,也乐意参加。反而随着学历的增高,尤其是到了研究生学历,由于工作、学习、家庭等因素的压力越容易对现实条件的不满,对各种活动也更容易表现出消极的情绪,这主要与个人的价值追求有关,随着自身学历的提高,对个人理想、事业的追求就越高,因而会有更多的诉求,提出更多的需求。

5. 不同职业满意度分析

通过单因素方差分析发现,除健身指导满意度外,不同职业的社区残疾人在体育设施数量、便利性、收费、开放时间和总体体育设施满意度方面具有显著性差异($P<0.05$)。在组织管理、活动开展、健身指导和总体服务保障满意度3个方面具有显著性差异($P<0.05$)。企事业残疾人总体上对体育

表 5-44 不同学历社区残疾人满意度比较（F 检验）

项目	研究生 平均值	研究生 标准差	大学 平均值	大学 标准差	高中 平均值	高中 标准差	初中 平均值	初中 标准差	小学 平均值	小学 标准差	文盲或识字不多 平均值	文盲或识字不多 标准差	F	P
体育设施数量	3.10	1.205	3.47	1.001	3.57	1.153	3.64	1.083	3.76	1.090	3.48	1.122	1.548	0.174
体育设施种类	3.21	1.146	3.42	0.973	3.57	1.100	3.59	1.080	3.76	1.090	3.52	1.194	1.175	0.321
体育设施便利性	3.03	1.180	3.42	1.035	3.35	1.092	3.63	1.102	3.82	1.093	3.48	1.085	2.421	0.036*
体育设施收费	2.90	1.205	3.48	1.097	3.41	1.344	3.57	1.072	3.82	1.029	3.60	1.190	2.539	0.028*
开放时间满意度	3.07	1.307	3.48	1.108	3.63	1.199	3.64	1.092	3.80	1.140	3.52	1.122	1.693	0.136
体育设施管理	3.07	1.307	3.41	1.070	3.39	1.115	3.64	1.037	4.78	5.916	3.52	1.122	2.636	0.024*
体育设施总体情况	3.07	1.307	3.43	0.974	3.45	0.986	3.63	1.094	3.82	1.072	3.56	1.158	2.118	0.063
组织管理	3.48	0.871	3.44	1.025	3.78	1.154	3.64	1.028	3.76	1.171	3.76	0.831	1.062	0.381
活动开展	3.55	0.910	3.48	1.038	3.53	1.172	3.70	0.968	3.69	1.083	3.60	0.957	0.533	0.751
健身指导	3.17	1.136	3.35	1.063	3.47	1.255	3.58	1.043	3.84	0.976	3.68	0.802	2.083	0.067
信息服务	3.24	0.912	3.43	1.036	3.53	1.189	3.74	1.009	3.87	0.968	3.76	0.831	2.313	0.044*
服务保障总体	3.31	1.105	3.44	1.025	3.63	1.131	3.65	0.987	3.76	1.004	3.80	0.816	1.298	0.264

* $P<0.05$，** $P<0.01$。

设施和服务保障满意度较高,专业技术从业者总体上对体育设施和服务保障满意度较低(表5-45)。

企事业残疾人总体上对体育设施和服务保障满意度高于其他从业者,而专业技术从业者总体上对体育设施和服务保障满意度较低。这主要与企事业者从事的工作性质有关,工作压力相对不大,生活收入有保障,能够经常参加社区、残联组织的各项文化体育活动,享受到单位和国家的一些福利政策,和社会接触的也比较多,对整体体育设施以及服务保障表现满意度较高。从事专业技术的人员由于其工作条件以及周边环境比较好,收入相对较稳定,获得体育服务渠道较多,所以会对体育设施的数量、种类、收费、开放时间以及服务的组织管理、信息服务等要求较高,一旦社区或公共部门提供的体育设施和服务没有达到他们的心理预期,他们则会表现不满意。

6. 不同收入满意度分析

通过单因素方差分析,发现不同收入社区残疾人在体育设施及服务保障满意度的各个方面不具有显著性差异,从各维度的均数比较发现,收入5 001元以上的残疾人各方面的满意度以及总体满意度均高于其他收入,其次是收入3 001~5 000元的残疾人(表5-46)。这主要是与社区残疾人在物质条件有保障的条件下可以有更多的选择参加体育健身活动有关,当物质条件如生活有保障,残疾人更多考虑的是如何更好地生存,包括使自己的身体康复,能够更多地参与到社会中,扩大自己的社会交往。通过与社区残疾人的深度交谈发现,残疾人在有一定的物质条件保障下自我实现的需求更加强烈,自信心更强,生活更加积极向上,更乐意走出家门,融入社会。

7. 不同残疾类型满意度分析

通过单因素方差分析,不同残疾类型社区残疾人在体育设施数量、种类和组织管理、活动开展、信息服务满意度方面具有级显著性差异($P<0.01$)。在体育设施便利性、总体体育设施和健身指导满意度方面具有显著性差异($P<0.05$)。在体育设施总体情况满意度方面肢体残疾较高,精神残疾类型较低。在服务保障总体满意度方面听力和肢体残疾较高,视力和精神残疾类型较低(表5-47)。

肢体残疾的残疾人对体育设施总体满意度和服务保障总体满意度高于其他残疾类别,精神残疾的残疾人在体育设施总体情况满意度和服务保障满意度最低。通过调查发现,由于残疾类型的而不同,造成的参与体育活动的态度和表现也不一样,肢体、听力残疾人更容易参加,而视力、精神残疾人参

第五章 江苏省残疾人公共体育服务现状分析研究

表5-45 不同职业社区残疾人满意度比较（F检验）

项目	党政 平均值	党政 标准差	专业技术 平均值	专业技术 标准差	企事业 平均值	企事业 标准差	自主职业 平均值	自主职业 标准差	商业服务 平均值	商业服务 标准差	离退休 平均值	离退休 标准差	无业 平均值	无业 标准差	F	P
体育设施数量	3.11	1.364	2.93	0.829	3.77	0.854	3.33	1.267	3.77	1.166	3.34	1.124	3.67	1.095	2.530	0.021*
体育设施种类	3.11	1.364	3.00	0.877	3.73	0.850	3.42	1.159	3.69	1.182	3.31	1.178	3.63	1.070	1.982	0.068
体育设施便利性	3.11	1.537	2.79	0.699	3.73	0.931	3.33	1.149	3.62	1.121	3.29	1.175	3.63	1.094	2.592	0.018*
体育设施收费	3.33	1.500	3.00	0.961	3.64	1.022	3.35	1.270	3.85	1.214	3.31	1.193	3.60	1.132	1.431	0.202
开放时间	3.22	1.481	2.71	0.914	3.81	0.889	3.51	1.242	3.62	1.193	3.36	1.214	3.65	1.161	2.497	0.022*
体育设施管理	3.00	1.323	2.93	0.829	3.74	0.958	3.44	1.201	3.46	1.127	3.93	5.301	3.66	1.082	0.526	0.789
体育设施总体情况	3.00	1.000	3.07	0.829	3.84	0.911	3.40	1.116	3.62	1.121	3.32	1.151	3.57	1.113	2.331	0.032*
组织管理	3.11	1.364	3.07	0.997	3.93	0.822	3.51	1.279	3.54	1.127	3.47	0.935	3.67	1.049	2.422	0.026*
活动开展	3.11	1.364	3.00	0.877	3.87	0.850	3.42	1.180	3.46	1.127	3.54	0.877	3.60	1.026	2.359	0.030*
健身指导	2.89	1.167	2.79	0.893	3.71	0.980	3.40	1.178	3.54	1.127	3.37	1.065	3.51	1.076	2.574	0.019*
信息服务	3.00	1.323	3.14	1.027	3.80	0.926	3.47	1.202	3.54	1.127	3.46	0.857	3.72	1.040	2.056	0.058
服务保障总体	3.00	1.323	2.93	0.829	3.86	0.804	3.63	1.092	3.62	1.121	3.42	1.037	3.63	1.049	2.643	0.016*

* $P<0.05$，** $P<0.01$。

表 5-46 不同收入社区残疾人满意度比较（F 检验）

项目	无收入 平均值	无收入 标准差	500元及以下 平均值	500元及以下 标准差	501～1 000元 平均值	501～1 000元 标准差	1 001～2 000元 平均值	1 001～2 000元 标准差	2 001～3 000元 平均值	2 001～3 000元 标准差	3 001～5 000元 平均值	3 001～5 000元 标准差	5 001元及以上 平均值	5 001元及以上 标准差	F	P
体育设施数量	3.59	1.238	3.47	1.179	3.60	1.030	3.47	1.044	3.37	1.008	3.89	0.809	4.00	0.926	0.947	0.462
体育设施种类	3.59	1.182	3.53	1.231	3.56	1.053	3.45	0.977	3.33	1.084	3.84	0.765	4.00	0.756	0.981	0.438
体育设施便利性	3.55	1.225	3.35	1.115	3.54	1.054	3.40	1.027	3.38	1.091	3.74	0.872	4.13	0.835	0.891	0.501
体育设施收费	3.54	1.271	3.35	1.115	3.50	1.015	3.39	1.126	3.47	1.157	3.68	1.003	4.25	0.886	0.844	0.537
开放时间	3.54	1.338	3.47	1.125	3.52	0.995	3.55	1.031	3.47	1.157	3.95	0.848	4.25	0.886	0.941	0.465
体育设施管理	3.59	1.238	3.29	1.160	3.58	0.950	3.95	4.681	3.35	1.132	3.79	0.787	4.38	0.744	0.543	0.775
体育设施总体情况	3.53	1.241	3.35	1.115	3.58	1.012	3.52	0.950	3.38	1.091	3.74	0.872	4.13	0.641	0.795	0.574
组织管理	3.59	1.115	3.65	1.057	3.70	0.953	3.63	1.050	3.48	1.049	3.95	0.911	3.88	0.835	0.623	0.712
活动开展	3.63	1.154	3.47	0.943	3.62	0.945	3.44	0.962	3.62	0.976	3.89	0.994	4.00	0.926	0.831	0.547
健身指导	3.57	1.216	3.35	0.996	3.52	0.863	3.41	1.028	3.43	1.125	3.84	0.958	3.88	0.835	0.720	0.634
信息服务	3.66	1.125	3.53	1.007	3.64	0.875	3.52	1.044	3.48	1.017	3.95	0.970	3.88	0.835	0.731	0.625
服务保障总体	3.52	1.177	3.59	1.064	3.64	0.875	3.52	0.921	3.62	1.027	3.95	0.911	3.88	0.835	0.644	0.695

* $P<0.05$，** $P<0.01$。

第五章 江苏省残疾人公共体育服务现状分析研究

表 5-47 不同残疾类型社区残疾人满意度比较（F 检验）

项目	听力 平均值	听力 标准差	语言 平均值	语言 标准差	视力 平均值	视力 标准差	智力 平均值	智力 标准差	肢体 平均值	肢体 标准差	精神 平均值	精神 标准差	F	P
体育设施数量	3.54	1.035	3.03	1.098	3.25	0.944	3.57	1.113	3.90	1.071	3.23	1.110	3.777	0.002**
体育设施种类	3.66	0.904	2.97	1.129	3.33	1.007	3.48	1.097	3.79	1.151	3.36	1.002	3.197	0.008**
体育设施便利性	3.63	0.963	3.03	1.189	3.17	1.007	3.50	1.097	3.73	1.210	3.23	0.922	2.746	0.019*
体育设施收费	3.46	1.130	3.23	1.104	3.33	1.090	3.57	1.156	3.73	1.199	3.14	1.082	1.570	0.168
开放时间	3.62	1.113	3.17	1.177	3.21	1.141	3.64	1.124	3.75	1.172	3.27	1.120	2.036	0.073
体育设施管理	4.10	4.548	3.23	1.135	3.21	1.062	3.55	1.087	3.73	1.166	3.14	1.082	1.134	0.342
体育设施总体情况	3.66	0.973	3.27	1.172	3.13	1.076	3.55	1.096	3.71	1.110	3.09	0.971	2.485	0.032*
组织管理	3.86	0.828	3.33	0.994	3.25	0.989	3.63	1.043	3.77	1.157	3.09	1.151	3.456	0.005**
活动开展	3.87	0.838	3.33	0.922	3.25	0.794	3.57	1.058	3.73	1.166	3.05	0.999	3.782	0.002**
健身指导	3.72	1.037	3.40	0.855	3.21	0.779	3.51	1.088	3.62	1.203	2.91	1.019	2.658	0.023*
信息服务	3.73	0.930	3.40	0.855	3.29	0.751	3.62	1.081	3.82	1.121	3.00	1.024	3.211	0.008**
服务保障总体	3.70	0.952	3.37	0.850	3.25	0.737	3.59	1.056	3.78	1.108	3.27	1.162	1.963	0.084

* $P<0.05$，** $P<0.01$。

加体育活动就很困难。精神残疾的由于残疾情况复杂,参与活动的风险较大,视力残疾的由于视觉沟通渠道受阻,无障碍设施不足,活动能力受到限制,更多的是不参加,所以对总体的满意度较低。而听力、肢体残疾的大多数可以借助辅助器材(具)能够参加各类体育健身活动,所以对他们而言更多的是喜欢参加,满意度相对就较高。

二、江苏省残疾人公共体育服务满意度评价影响因素及成因分析

(一)江苏省残疾人公共体育服务满意度评价影响因素

残疾人对公共体育设施与服务满意度评价一方面受个人的社会特征、心理因素等主观因素的影响,另一方面也会受公共体育服务本身的特质、供给现状、政府之间横向差异等客观因素的影响。

1. 公共体育设施与服务投入不足,资源配置不均

由于省内区域经济发展不平衡,苏南、苏北和苏中的人均GDP、人均公共财政支出差距很大。公共财政分配不合理,在公共体育服务投入总量不足,残疾人人均公共服务支出少,用在残疾人公共体育服务的支出只是杯水车薪,基层政府组织由于资金缺乏无法开展各项残疾人公共体育活动,提供各种健身服务。加之残疾人公共体育设施与服务所消耗的财政资源远远高于普通群众,运行成本增大,难度加大。

2. 残疾人公共体育设施与服务的缺失

在公共体育服务整体发展中残疾人群体往往处在边缘化的位置,政府或相关部门在资金投入、设施建设、活动开展、体质测试出现服务缺位、失位,致使残疾人公共体育服务成为可有可无、被遗忘的角落,没有引起政府和相关部门的重视。政府在具体实施过程中信息不公开,缺乏宣传,残疾人很难知道对外公开的各种规定,加之管理人员服务意识淡薄,服务效率低,面对残疾人日益增长的多层次、多维度的体育需求缺少必要的措施和供给。缺乏相关的服务条例,为残疾人提供的服务不规范,如场地体育设施种类少、体育活动单一、供给不足、覆盖面小、残疾人参与程度不高、残疾人得不到专业体育健身指导、不会科学地使用康复健身器材、大量的健身器材闲置成为应付检查的摆设等。

3. 残疾人群体自身的因素

残疾人群体的个人社会特征因素,主要包括性别、户籍、年龄、文化程度、职业、收入和残疾类别等。调查对象的不同如残疾学生、社区残疾人在年龄、

文化程度、职业、收入等方面的差异,造就了残疾人群体对公共服务多样化、多层次的诉求,因此对公共服务供给满意度有着明显差异。同时农村残疾人很多受文化程度的制约,对公共体育服务了解不清楚,对服务的数量和质量很难做出准确的判断,加之缺乏与基层政府组织的沟通渠道,对基层政府公共体育服务满意度往往会受到影响。

(二) 江苏省残疾人公共体育服务满意度评价影响因素的成因分析

1. 经济原因

经济基础决定上层建筑,经济发展是政府公共体育服务供给的基础条件,研究表明公共服务供给满意度随着人均经济发展水平的提升以及人均公共财政支出的增加而上升。[①] 显然从调查结果来看,随着收入水平的提高,残疾人对公共体育设施与服务的满意度提高,而经济不发达,基础设施差,人均公共财政支出少,贫富差距大,城乡之间、区域之间经济发展不平衡,会造成残疾人个体幸福感降低,对政府提供的公共体育服务满意度不高。加之以地方政府为主导的自上而下的公共体育服务供给与残疾人多样化、类别化的需求之间仍存在一定差距,公共体育服务供给的总量不足,公共财政投入的长效机制不健全,残疾人无法共享经济社会发展成果。

2. 政府原因

残疾人作为公共体育服务政策效果的直接感受者,对政府提供的公共服务最具有发言权,然而各级地方政府自上而下的行政命令式供给决策方式往往忽略了残疾人的实际需求和需求偏好,使供需矛盾增加,供给结构失衡。在提供公共服务的过程中,缺乏科学的监督机制,公共服务市场的不完善,由农民、服务提供者和政府组成的三角形互动关系构成了农村公共服务提供的基本制度框架,这是改善农村公共服务满意度的有效途径。为了实现体育公共服务的均等化,政府首先应该根据居民的文化程度制定相应的宣传策略,增加体育信息传播的渠道和手段,加强体育安全知识和体育活动的宣传力。

3. 个体原因

调查显示不同残疾类别、性别、户籍、文化程度的残疾人对公共体育设施与服务总体满意度有差异,并且社区和学校学生的满意度也有一定的差异。究其原因,首先是性别的不同,在残疾学生群体中女生满意度高于男生,然而

---

① 国家统计局福州调查队课题组. 提升政府公共服务公众满意度研究:以福州市为例[J/OL]. 中华人民共和国统计局网. 2015 - 04 - 17.

社区残疾人则是男性高于女性,显然这与残疾人的生活状态有关。学生由于生活单一,负担不重,对学校的体育设施、体育活动等满意度较高,社区残疾人则以成年人为主,有一定的社会生活压力如就业、婚姻等,尤其是女性承担的社会角色更多,压力更大,表现出的满意度低于男性。其次城镇残疾学生满意度高于农村,这与城镇特教学校体育设施、教学环境、质量、教师配备都有一定的关系。农村社区残疾人满意度高于城镇,这与农村社区残疾人大多从事简单农业劳动,闲暇时间多,生活基本有保障有关。其次在残疾类别上听力、肢体残疾的满意度高于精神、多重残疾的,主要还是源于听力、肢体残疾学生和社区残疾人更容易参与体育活动。

第六章 江苏省残疾人公共体育服务运行机制构建

当前加快推进公共服务建设,提高人民生活水平已成为我国深化改革的重要任务,贴近大众健身需求的公共体育服务成为构建和完善公共体育服务的重要内涵。作为东部经济较发达地区,又是体育强省的江苏省具备率先构建残疾人公共体育服务运行机制的现实基础和有利条件。随着江苏省公共体育服务示范区建设的深入,对残疾人公共体育服务运行机制的构建提出了迫切的要求,需要我们根据江苏省残疾人公共体育服务的现实基础,立足健康江苏发展目标,构建适合江苏省残疾人公共体育服务的运行机制。

第一节 江苏省残疾人公共体育服务运行机制构建的背景

从《国家基本公共服务体系"十二五"规划》将残疾人基本公共服务单列一章,到"十三五"国家提出加大公共服务供给力度,推进基本公共服务均等化建设,提升残疾人服务保障水平,以及继十八大将"健康中国"上升为国家战略提出"推进健康中国建设"的新目标之后,随着《国务院46号文件》《全民健身计划(2016—2020年)》《残疾人文化体育工作"十三五"实施方案》等文件的出台,并通过《关于加快推进残疾人小康进程的意见》《"十三五"加快残疾人小康进程规划纲要》等政策法规加快推进残疾人小康进程,足以显示出国家对残疾人群体关心和关注以及在"健康中国、全民健身"国家优先战略下大力推动残疾人健康,广泛开展健身体育的决心和信心。

国务院下发关于《"十三五"推进基本公共服务均等化规划》中列出基本公共服务清单,重点人群青少年以及老年人、残疾人、职工、农民等一个都不能少,农村和社区成为重点服务区域,为保障最基本的民生需求提出了制度框架和主要发展指标,如经常参加锻炼的人数2015年达到3.64亿人,2020年达到4.35亿人(图6-1)。其中涉及文化体育和残疾人公共服务领域,提出基本公共文化服务设施要"提档升级"文体有获,要建立残疾人基本福利制度残有所助,支持全民健身公共体育服务设施建设,为全体公民提供免费或低收费的体育场馆,实施"残疾人健身计划",满足残疾人康复健身需求。

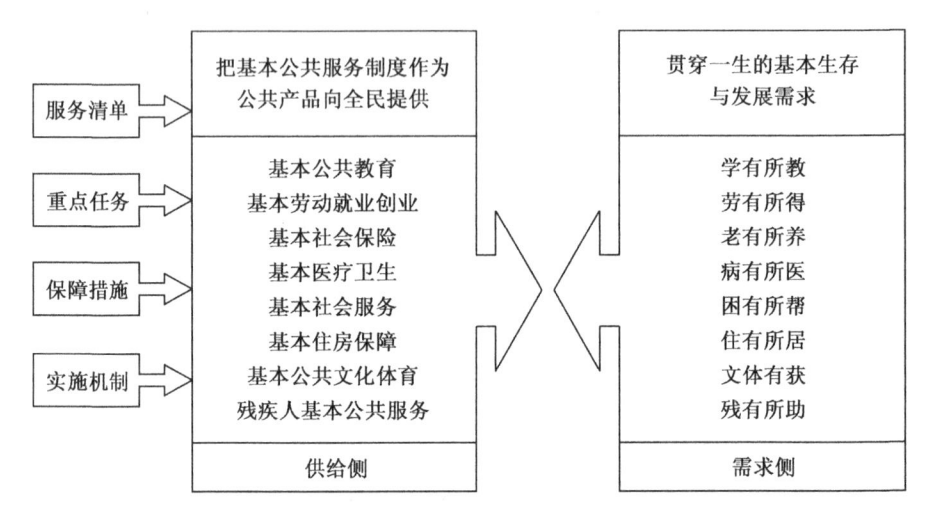

```
服务清单  →  把基本公共服务制度作为        贯穿一生的基本生存
              公共产品向全民提供              与发展需求

重点任务  →  基本公共教育                    学有所教
              基本劳动就业创业                劳有所得
              基本社会保险                    老有所养
保障措施  →  基本医疗卫生                    病有所医
              基本社会服务                    困有所帮
              基本住房保障                    住有所居
实施机制  →  基本公共文化体育                文体有获
              残疾人基本公共服务              残有所助

              供给侧                          需求侧
```

图 6-1　国家基本公共服务制度框架

(资料来源:中国政府网.国务院印发《"十三五"推进基本公共服务均等化规划》,2017)

江苏省作为唯一与国家体育总局共建公共体育服务体系示范区的省级政府,在公共体育服务示范区建设中起到了引领全国的作用,取得了显著的成就。根据《江苏省国民经济和社会发展第十三个五年规划纲要》和《江苏体育发展"十三五"规划》《江苏省全民健身实施计划(2016—2020年)》要求,"十三五"期间江苏率先全面建成小康社会,着力建设经济强、百姓富、环境美、社会文明程度高的新江苏。按照江苏当前经济社会发展水平以及"健康江苏"建设的部署要求,提出深入开展全民健身运动,针对不同人群推进建设青少年公共体育服务促进体系、在职人群公共体育服务支撑体系、老年人公共体育服务保障体系和残疾人公共体育服务康复体系,建成与"强富美高"新江苏相适应的体育强省。江苏是体育大省,与国家体育总局签署的公共体育服务体系示范区建设在全国具有重要的示范性和影响,加快推进残疾人公共体育服务康复体系建设,大力改善残疾人健康生活意识和生活方式,进一步提高广大残疾人身体素质和健康是推动江苏体育强省和示范作用的必然和客观要求,也是丰富公共体育服务内涵和提升江苏体育综合实力的重要举措。

第二节 江苏省残疾人公共体育服务运行机制构建的定位及目标

江苏省残疾人公共体育服务运行的机理就是在分析和研究江苏省残疾人公共体育服务自下而上的需求、供给方式、保障系统和满意度现状基础上，对江苏省残疾人公共体育服务的结构、供给模式、保障运行进行构建的一个总体过程。江苏省残疾人公共体育服务定位问题是江苏省残疾人公共体育服务运行和未来发展的第一步，就是要回答"怎么做"的问题。这正是江苏省残疾人公共体育服务运行机制研究的价值所在。江苏省残疾人公共体育服务运行机制构建是对江苏省公共体育服务示范区建设以及可持续发展的一种理性思维和行为模式，是研究的理论逻辑、实践路径的审视与深化。

一、江苏省残疾人公共体育服务运行机制的定位

（一）政府主导，四轮驱动

统筹政府、残联、社会、残疾人群体四大主体，"四轮驱动"推进江苏省残疾人公共体育服务建设。政府和残联的主导作用是引领残疾人公共体育服务的发展，政府和残联承担着服务的主要责任，是服务供给的主体，是公共体育服务政策的制定者。社会和残疾人群体是实现公共体育服务的"当事人"，所有的服务最后聚焦在残疾人群体身上，他们的满意度、参与度才是服务质量、效益的最终评价。因此，首先围绕"健康江苏"战略，加强不同地区、不同类别残疾人群体公共体育服务供给，依托"全民健身助残工程""全民健身日"，重点落实"残疾人健身周""自强健身工程""三进提供服务"等活动和项目，提高残疾人体育锻炼的参与率与覆盖面。其次建立健全基层残疾人体育社会组织，充分调动各级各类残疾人专门协会在残疾人群体中桥梁和纽带作用，建立一支专业化、规范化的残疾人社会体育指导员队伍，指导残疾人群体科学健身，提高残疾人健身科学化水平。最后要加强与学校、医疗、养老等融合力度，积极发挥体育在防病、治病、康复等方面的作用。

（二）因地制宜，满足实际需求

江苏省残疾人公共体育服务运行机制的建设与完善，既要符合国家公共体育服务的总体规划，又要根据江苏社会经济发展的要求和残疾人的公共体

育需求的实际情况,因地制宜、因人而异,形成适应需求、动态调整、相对完善的残疾人公共体育服务运行机制。残疾人公共体育服务的最终目标是实现满足残疾人主动化和多样化的体育需求,自下而上的需求拉动是运行最直接的驱动力,只有建立在强大的内驱力作用下的需求才能够让更多的残疾人主动进行体育健身锻炼,回归主流社会,同时以需求为导向的残疾人公共体育服务运行机制才能充分体现出以人为本的价值理念。随着江苏省对残疾人普惠与特惠政策力度的加大,残疾人的生活水平普遍得以改善和提高,对于康复健身的需求也相应地逐渐增加。因此,立足残疾人康复健身的实际需求,通过科学的健身活动,改善和提高身体机能,从而满足残疾人平等享受生活的愿望。

(三) 转变职能,提高服务能力

转变政府职能,提高服务水平,促进社会公平是建设残疾人公共体育服务运行机制的落脚点。面对残疾人多样化、差异化和特别化的公共体育服务需求,各级政府需要转变政府职能和工作思路,创新工作模式,增加残疾人体育服务产品,不断完善和丰富残疾人公共体育服务内容。依托社区康复站、文化体育活动中心、康乐室强化残疾人公共体育服务功能,切实解决社区残疾人体育参与障碍。依托特殊教育学校,重点打造各项残疾青少年体育活动组织,建立残疾青少年体育活动基地,更好地维护残疾青少年各项权益,从而全面提升残疾人公共体育服务水平、质量和满意度。

(四) 协调共享,均等化发展

公共体育服务最终强调的是政府要为社会公众提供最基本的、均等化的公共体育产品和服务。[①] 均等化地享受公共体育服务是每个公民包括残疾人的权利,实现公共体育服务均等化是促进社会和谐,缓解社会矛盾的现实必要。在全面深化改革保障和改善民生的一系列举措中,为残疾人提供均等化的公共体育服务,尤其是残疾人康复体育进家庭计划是全面建成小康社会、实现全体人民共同富裕、促进社会公平正义的必然要求。只有不断地缩小残疾人与普通人群以及区域之间、地方之间、城乡之间的差距,促进城乡之间、区域之间残疾人公共体育服务均等化发展,实现资源配置的均衡化,才能确保所有的残疾人能够公平地享受到由政府提供的全民健身公共服务。

---

① 郇昌店,肖林鹏.公共体育服务均等化初探[J].体育文化导刊,2008,(2):9-11.

二、江苏省残疾人公共体育服务运行机制的发展理念

理念是引领实践的指导思想,理性化的思维模式为实践工作提供科学的依据。

十八届五中全会提出的"创新、协调、绿色、开放、共享"的发展理念,为"十三五"乃至今后一段时间内我国的经济社会发展提出指南。由此根据江苏社会经济发展实际情况,坚持改革引领、政府主导、创新驱动、协调发展理念围绕"健康江苏"战略,以残疾人健康为主题,推动跨界融合发展,着力深化服务内涵。跨界整合卫生、养老、文化、教育、旅游等部门,在街道、社区建设康复体育保健站和运动康复机构,探索残疾人的体质监测与医疗卫生保健相结合的新模式,将康复保健纳入医保,推广医保卡余额的健身锻炼方式。与社区残疾人养老相结合,探索步入老龄化时代的残疾人公共体育服务运行模式。与特殊教育学校体育教育融合,深化体教融合发展,开展特殊教育学校青少年阳光体育、趣味运动会,改善残疾青少年的身体健康状况,提高身体素质。与体育休闲旅游相结合,开发集休闲、娱乐、健身为一体的旅游项目,拓宽旅游渠道,实现我运动、我健康、我快乐的健康生活观。

三、江苏省残疾人公共体育服务运行机制的基本目标

目标是一个系统发展的动力,也是整个系统所期望达到的一种状态和结果。残疾人由于其特殊性以及需求的差异性使得公共体育服务的目标要以保障每一位残疾人的基本体育权益和资源配置的公平性为主,并充分体现残疾人公共体育服务运行的基础性和普惠性,让大多数的残疾人能够享受到国家提供的公共体育服务,在公平、公正的原则上实现服务均等化,这不仅是残疾人公共体育服务运行最终实现的目标,也是构建的着力点。具体目标如下:

(1) 多元化供给机制基本形成。增强政府各部门协同联动机制,形成政府、残联、社会、市场多元化供给,积极培育残疾人社会体育组织,设立体彩、福彩专项资金以满足残疾人群众、康复体育需求。

(2) 巩固完善保障机制。强化各项残疾人公共体育服务具体措施、夯实基层残疾人供公共体育服务组织,发挥社区、学校残疾人社会体育指导员的作用,加大财政专项资金投入,扶持经济不发达地区、村镇公共体育设施建设,缩小区域间差异,资源配置均衡,基本形成可持续发展的长效机制。

（3）建立成效评价反馈机制。通过残疾人公共体育服务满意度等反馈机制对公共体育服务质量、效率进行全方位评估，并建立公开、透明的检查和考核机制，对服务主体有规可循、有责可究，使残疾人公共体育服务水平得到明显提升。

四、江苏省残疾人公共体育服务运行机制的基本原则

残疾人公共体育服务是以政府为主导，在广泛的社会参与基础上，以为残疾人提供基本保障的公共体育服务为主要目的而建立的一系列的服务内容、形式、机制、政策等的制度安排。因此，一方面要坚持国家公共体育服务的基本要求，另一方面要从江苏的实际情况出发，根据江苏省经济社会发展需求，形成江苏特色，促进和完善江苏省公共体育服务运行机制。

一是坚持以人为本，分类保障。把尊重残疾人的基本权利和满足残疾人最基本的公共体育服务作为完善残疾人公共体育服务运行的出发点和落脚点。同时残疾人作为社会组织参与者，也是公共体育服务供给的主体。针对残疾人在康复、健身、医疗、生活、服务等方面的突出问题，根据残疾人自身、家庭、工作情况分类施策，提高残疾人体育健身的参与性，增加获得感，促进残疾人身心健康，推动个人全面发展。

二是坚持政府主导、社会参与。加快转变政府职能，加强规划、政策、标准引导。促进体育领域资源全面开放，实施政府购买公共体育服务，鼓励企事业单位、社会组织、个体采取捐助、赞助、合作、股份等形式参与公共体育服务建设，创新服务方式，扩大服务供给，提高公共体育服务能力和水平。

三是坚持创新机制，多元协同。坚持深化体制机制改革，加强系统设计，强化制度安排，推进工作理念、体制机制、运行模式创新。加强政府主管部门的协同联动机制，为残疾人参与公共体育提供制度保障。打破行业壁垒，充分发挥政府各局委办在残疾人公共体育服务运行中的作用，残疾人的公共体育服务不仅是残联的事，也是体育局、民政局、财政局、文化局等相关政府部门的事，全民健身不能少了残疾人，健康发展更是要加强残疾人健康促进，充分发挥政府部门协同机制，实现"横向"跨部门合作，构建残疾人公共体育服务多元主体协同机制。

第三节　江苏省残疾人公共体育服务运行机制框架及内容

一、江苏省残疾人公共体育服务运行机制的基本框架

（一）江苏省残疾人公共体育服务运行机制框架构建

1．运行机制框架形成阶段

2014年9月—2015年10月，按照研究计划对苏南的苏州、常州，苏中的扬州，苏北的盐城，省会南京进行残疾人公共体育服务现状及需求调研，搜集了《国家体育总局与江苏省人民政府建设公共体育服务体系示范区合作协议》《江苏省全民健身条例》《江苏省残疾人保障条例》《江苏省"十二五"基本服务体系规划》《江苏省全民健身实施计划（2011—2015）》《江苏省人民政府办公厅关于推进公共体育服务体系示范区建设的实施意见》等相关资料，并对上述资料进行详尽的分析与解析。

2．运行机制框架构成阶段

运用德尔菲法（Delphy method），对11名体育管理学、体育人文社会学、体育教育学、运动康复学等研究领域的专家学者以及残联等实践领域专家进行两轮调查，形成了残疾人公共体育服务运行机制的基本内容框架。江苏省残疾人公共体育服务是江苏省公共体育服务中重要组成部分，按照从产品或服务形成的流程以及规律的"质量环"来看，服务涵盖了从需要到评估整个过程所有活动的概念模式，并且通过评估和分析把存在的问题和建议反馈到服务的各个阶段，从而能使得这一过程成为一个不断循环的过程。因此根据服务质量环，江苏省残疾人公共体育服务运行的框架结构是一个严密而完整的闭环结构，从分析涵盖残疾人公共体育服务自上而下的政府宏观调控和残疾人自下而上的需求动力机制出发，到如何提供更加有效的供给和保障机制，最后对公共体育服务质量进行评价或评估，整个残疾人公共体育服务运行是一个涉及公共体育服务内在需求驱动产生、形成、实现和反馈的过程，这个过程是按照一定的逻辑顺序进行的一系列活动构成的有机整体，提高江苏省残疾人公共体育服务的质量就是提高这个过程的质量（图6-2）。

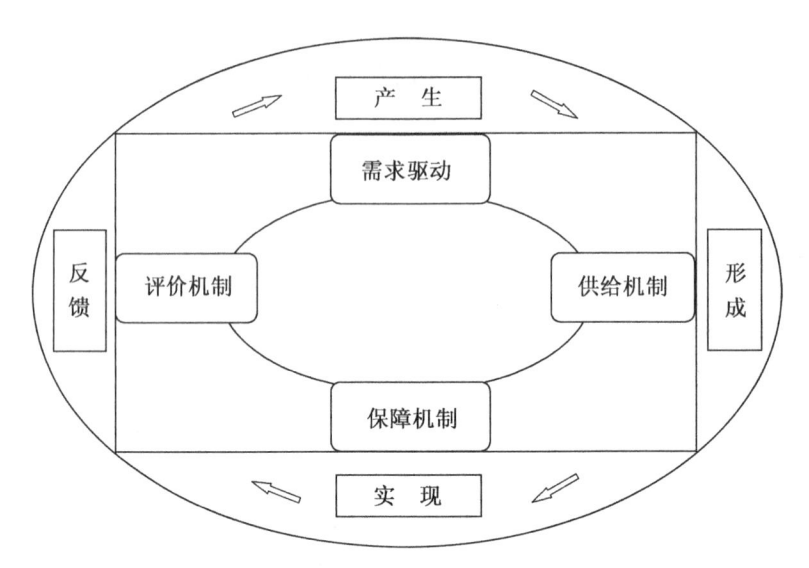

图 6-2 残疾公共体育服务运行机制质量环

江苏省残疾人公共体育服务运行机制基本框架的构建贯穿公共体育服务需求—供给—保障—反馈的全过程，是一个彼此有机衔接、互为支撑的关联整体。需求决定了残疾人公共体育服务供给的范围，只有建立在需求基础上的供给才有针对性，才有可能满足残疾人在公共体育服务中的物质性和非物质性的需求。残疾人公共体育服务供给主体是一元还是多元直接影响到运行的供给机制。资源配置的合理性、均等性是保障机制规范化、制度化、有序化运转的依据，只有在公平正义的前提下给予一定的政策保障、制度保障和资源保障才能实现残疾人公共体育服务。因此，在对江苏省残疾人公共体育服务现实背景、理论溯源、特征和价值取向分析阐释的基础上，根据公共体育本质功能及规律性和系统论基本原理的要求，参考我国公共体育服务多年经验和体育所承载的社会价值，总结前人的研究，并结合当前江苏省残疾人公共体育服务的实践，演绎设计残疾人公共体育服务运行机制的基本框架（图 6-3）。

（二）江苏省残疾人公共体育服务运行机制的要素

1. 动力机制

（1）宏观调控

宏观调控一般是指政府运用政策、法规、计划等综合手段，对国民经济运行状态和经济关系进行调节和干预，以保证国民经济的持续、快速、协调、健

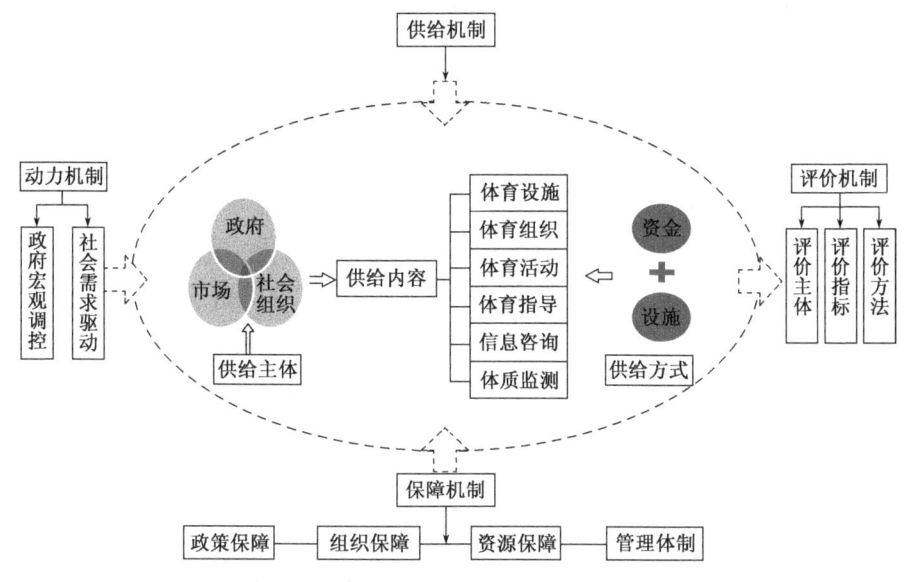

图 6-3 江苏省残疾公共体育服务运行机制总体框架

康发展。① 自上而下的政府宏观调控是从政策的顶层设计着手,加大政策倾斜,从法规、计划等方面加强残疾人公共体育服务的投入、供给,切实提高政府对残疾人公共体育服务的工作力度和服务质量。充分调动政府服务职能,通过鼓励、引导和协调等手段,满足残疾人群体对公共体育服务的需求。

(2) 需求驱动

在辞海中对"需求"定义为:索取,求索;需要,要求。从研究社会问题出发的社会学将马斯洛的需求层次理论广泛地应用在社会学的研究中,尤其是在公共管理方面,为管理方提供了科学、合理的理论指导,从而实现满足人的不同层次需求。公共需求是指人类社会共同体对公共产品和公共服务的共同需要,具有互不排斥性和平等享用性。②③ 对于残疾人的公共体育服务需求首先是残疾人有进行体育锻炼、活动、比赛的愿望,其次是能够参加体育锻炼、活动、比赛的能力。随着国家全面推进依法治国,促进国家治理体系的进程发展,公民包括残疾人的各项权利构建日益完善,残疾人对公共体育服务

---

① 宏观调控[EB/OL]. https://baike.baidu.com/item/宏观调控/332400.
② 王家宏,李燕领,陶玉流. 我国公共体育服务体系:过程结构与功能定位[J]. 北京体育大学学报,2014,37(7):1-7.
③ 李军鹏. 论公共需求与供给:公共行政研究的基本主题[J]. 天津行政学院学报,2001,3(1):15-19.

的需求随着生活水平的提高而不断增长,需求的内容也日渐丰富和多元化,不仅仅是单一的涉及体育活动、锻炼,而会趋向多元化的,最终实现通过体育锻炼获得康复健体,融入社会。残疾人公共体育服务需求包括两种,即非经济性的和经济性的体育需求。非经济性的体育需求主要是由政府或体育部门无偿向社会提供的各种体育服务产品,如社会体育指导员、健身路径、健身步道等;经济性的体育需求是残疾人必须通过购买手段,支付一定货币才能实现的需求,如健身俱乐部、全民健身中心的一些体育消费项目。目前来看,非经济性的体育需求主要是构成残疾人公共体育需求的重要方面。影响残疾人公共体育服务需求的因素有:① 体育产品的价格;② 残疾人的购买力;③ 相关公共体育产品的价格;④ 残疾人对公共体育产品的偏好;⑤ 残疾人对公共体育产品的预期;⑥ 其他因素。

2. 供给机制

成本低、效率高的供给是破解当前公共服务不到位、公共产品短缺与公民的公共需求全面快速增长之间矛盾的重要手段与措施,同时公共服务质量的高低取决于供给主体的效率、供给方式的合理性和供给内容是否能满足公众的需求。研究表明,我国的公共服务供给体制主要经历了2个时期3个阶段,即从垄断供给时期到市场化、社会化供给时期。公共服务供给垄断时期是从新中国成立到改革开放,公共服务供给市场化、社会化时期是从改革开放到现在。3个阶段分别是:① 计划经济下政府替代,垄断供给;② 市场经济下政府支配,协作供给;③ 供给侧结构性改革下政府主导,合作供给。

公共体育服务供给即为公民提供公共体育产品和服务的过程[1],主要包括供给主体、供给内容和供给方式3个方面[2]。目前我国公共体育服务供给的主体依然是政府及体育行政部门,而非政府组织、社会组织、私营部门很少参与公共体育服务供给。供给的内容可分为有形服务(如体育场地设施、体质监测服务、体育活动服务等)和无形服务(如公共政策、法规制度、体育组织服务、指导咨询服务、组织宣传服务等)。供给方式主要是采取自上而下的政府垄断供给方式,一方面是政府及体育行政部门向下一级政府及部门采取安排式供给;另一方面是政府通过提供具体的体育健身设施供给。随着城镇化进程和残疾人小康进程的推进,建立以市场为主导的覆盖城乡均等化的多主

---

① 姜晓萍.建设服务型政府与完善地方公共服务体系[M].北京:中央编译出版社,2015:1-761.
② 肖林鹏.论我国公共体育服务供给的基本问题[J].体育文化导刊,2008,(1):10-12.

体公共体育服务供给体制，才能适应当下经济结构性转变提出的新任务、新要求。首先要明确残疾人公共体育服务供给主体多元发展的总体思路，充分发挥政府、市场、社会组织在残疾人公共体育服务供给中的协同参与作用。其次是供给主体逐步转化为政府部门、非政府组织、社会组织、私营部门多主体并存，坚持"公平优先、兼顾效率"的原则。最后是要加强制度保障建设，进一步制定完善相关法律与配套制度，同时要提高供给质量和效率，为多元主体参与公共服务提供充足的财力支持，改革完善现有的财政管理体制与运行机制。

3. 保障机制

"保障"顾名思义就是保护、确保的意思以及起保障作用的事物，涵盖了社会保障、人权保障、安全保障等。残疾人公共体育服务体系内部各要素只有在有效的保障基础上才能正常地运行，保障是确保残疾人公共体育服务体系实现从需求到评价反馈的重要组成部分，因此保障体系是整个残疾人公共体育服务的运行源泉，也是保驾护航的守护者。保障体系主要有政策保障、组织保障、资源保障和机制保障构成，其中资源保障包括有形资源（如人力、财力、物力）和无形资源（信息、技术等）。保障体系一方面通过加强残疾人公共体育服务的人才保障和专业人才队伍建设，另一方面通过加大公共财政投入和强化残疾人公共体育服务设施保障，调动社会资源与公众参与才能真正更好地满足残疾人的需求，保障体系才能更好地为整个公共服务体系提供原动力。

4. 评价机制

残疾人公共体育服务评价体系的实质是绩效评价或为绩效评估的一个过程，目前常从3个维度（3E）来理解绩效，即经济性（economy）、效率性（effeciency）、效益性（effectivencess）[1]。也就是政府或公共部门用最少成本、最佳方式、输出最优的公共体育服务和产品，实现资源的最佳配置，保证残疾人公共体育服务的可持续发展。政府或公共部门通过提供的公共体育服务质量、数量、满意度等分析与评价，可以掌握公共体育服务的开展现状及成效，进而形成评价机制。由于完善的公共体育服务评价体系，能够进一步推进残疾人公共体育服务的科学化与规范化建设，所以通过建立一整套残疾人公共体育服务绩效评估指标体系，定期对政府或公共部门提供的公共体育产

---

[1] 范冬云. 我国体育公共服务研究中几个问题的探讨[J]. 成都体育学院学报, 2010, 36(02): 6-12.

品和服务的能力与水平进行考核与评估,保障公共体育资源的效益最大化。在具体的评估体系建立过程中,一方面需要明确残疾人公共体育服务的价值体系,即政府对残疾人公共体育服务终极目的的基本价值判断、价值确认和利益选择,其核心价值就是残疾人服务和以人为本的理念。另一方面要建立残疾人公共体育服务的指标体系,包括评估指标系统、评估项目和绩效等级划分标准等。

二、江苏省残疾人公共体育服务运行机制的基本内容

(一) 江苏省残疾人公共体育服务动力机制

1. 江苏省残疾人公共体育服务宏观调控

政府通过增加残疾人公共体育专项资金投入、补贴等经济手段,进一步改善残疾人公共体育经费不足问题,通过出台一系列关于完善省辖区市残疾人公共体育服务的文件、办法、规定等法律手段,并从省残联、体育局、卫生、教育系统辅之以必要的行政手段,形成有利于残疾人公共体育服务供给、保障科学发展的宏观调控体系(图6-4)。

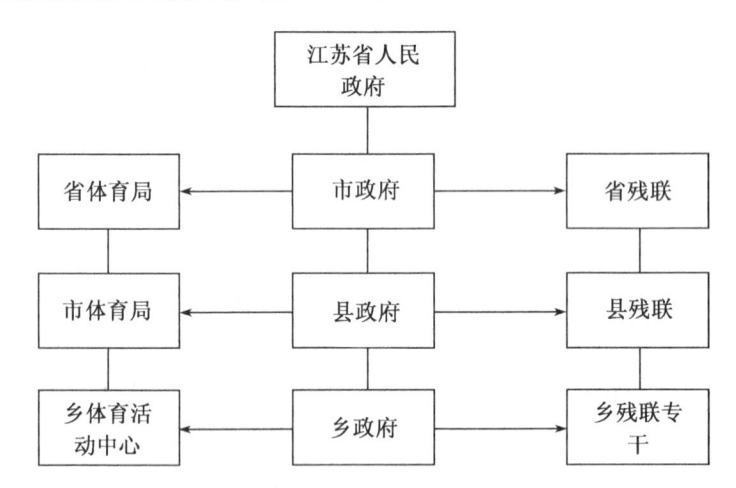

图6-4 残疾人体育服务宏观调控体系

2. 江苏省残疾人公共体育服务需求驱动构成要素

需求是整个残疾人公共体育服务运行质量环的输入阶段,是起点也是原点,所有服务都是围绕着残疾人最基本的体育健身需求提供供给和保障。需求系统就是残疾人通过一定的渠道向政府和组织输入公共服务的需求信息,并获得政府和组织反馈输出的过程。其主要构成要素有:需求的主体、需求

的内容、需求表达渠道和需求的客体。

（1）需求的主体：残疾人

在整个公共体育服务过程中，由需求的主体通过一定的渠道直接或间接地向客体表达对公共物品的种类、数量等需求信息。一直以来的个体救助模式下的残疾人观，随着国家公共政策环境的变化以及残疾人个体参与社会意识的觉醒，与逐步被社会权利模式所替代。社会权利模式下的残疾人作为参与主体，更加注重参与的权利和公平地享有平等公民的权利。残疾人的表达诉求也随着法律意识的增强而增强，越来越多的残疾人主动参与并表达自身意愿。

（2）需求的内容：残疾人所需的公共物品的种类、数量、结构、方式等

需求的内容是残疾人在公共体育服务过程所需求物品的具体反映，如参加体育健身的场地设施需求、体育健身指导需求、运动康复训练需求等，在每一项需求中还有具体的数量、结构、方式的需求，如社区残疾人需要篮球的数量、大小，是由社区购置还是拨付一定的资金，这都是需求的具体内容。需求的内容丰富，涵盖了公共体育服务的设施、资金、人员以及政策、信息等。

（3）需求的表达渠道：就是表达途径，包括正式的和非正式的两种渠道

正式的渠道就是残疾人通过街道办事处、社区居委会、乡镇村委会或人大代表会向需求客体表达公共体育服务的需求，形成一种制度化的表达途径，官民可以直接对话；非正式的渠道就是残疾人通过信访、自组织、网络群等非正式或非官方途径表达需求，是非制度化的表达途径，也可以称之为民间对话。顺畅的表达渠道是完善残疾人公共体育服务需求的关键环节，残疾人只有通过不同渠道表达自己的权益诉求，才能真正实现残疾人的社会权益。

（4）需求的客体：各级政府、社会组织

需求主体通过客体的力量实现对公共物品的需求，需求客体是主体将自身对公共体育服务的需求通过表达渠道传递给客体即政府、社会组织，并由客体进行反馈给主体。

3. 江苏省残疾人公共体育服务需求驱动框架

奥斯特罗姆在理论与案例分析的基础上提出的公共池塘资源制度的8个设计原则，对构建残疾人公共体育服务需求系统具有一定的指导意义。提出的这8个原则分别是"清晰界定边界"、符合当地条件的占用和供应、集体选择的安排、"监督"、分级制裁、冲突解决机制、对组织权的最低限度的认可、

分权制企业[①],这些原则为公共池塘资源及制度分析框架提供了可信的解释。由此借鉴上述理论,提出残疾人公共体育服务需求表达机制的基本架构,残疾人公共体育服务需求表达机制是由各要素之间相互作用、相互联系组成的一个完整的需求表达体系(图6-5)。

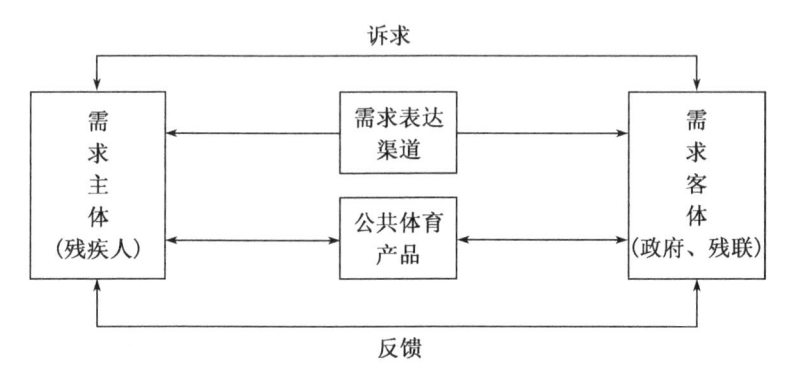

图6-5 残疾人体育服务需求表达机制体系

按照时间逻辑顺序,残疾人公共体育服务的需求表达机制过程可以分为3个步骤:第一是需求信息的了解;第二是需求的表达;第三是需求的反馈(图6-6)。

图6-6 残疾人体育服务需求表达过程

4. 江苏省残疾人公共体育服务动力机制建设

残疾人公共体育服务的动力机制既有自上而下的政府宏观调控,也有自下而上的残疾人体育服务需求,所有的服务都应是针对需求而提供的。只有充分了解残疾人群体的实际体育需求,尊重残疾人的体育选择权,供给主体才有可能向残疾人提供他们乐意接受和需要的公共体育服务。因此要构建残疾人公共体育服务动力机制可以自下而上从残疾人主体建设、自上而下政府转变观念、渠道疏通以及参与机制4个方面找寻路径。

(1) 动力机制的主体建设

残疾人公共体育服务需求的主体是残疾人,残疾人公共服务需求驱动首

---

① 奥斯特罗姆.公共事务的治理之道:集体行动制度的演进[M].余逊达,等,译.上海:三联书店,2000:8-9.

先要提高残疾人文化素质。加强残疾人教育和文化建设,不断加大经济不发达区域与农村特殊教育设施投入力度,努力提高残疾人的文化水平,提升残疾人群体的诉求表达能力,使其能更为理性的认识和表达对自身公共体育服务的需求。其次要培养和增强残疾人的法治意识、公民意识、自主意识和参与意识,保障残疾人的民主权利,引导残疾人能够对现行公共政策的目标、价值有正确认识,能运用有效的方式表达自身公共服务需求。

(2) 政府要转变观念,提高管理效率

政府应当把公共服务的需求主体放在首位,坚持"以人为本"理念,转变以往单一的自上而下的行政管理理念,以不同残疾类别残疾人的实际需求为出发点,优化公共服务资源配置。在决策过程中充分引入公众参与机制,大力推行政务公开,加强残疾人的参与权,保障公民的知情权和参与权。让残疾人自主选择公共服务的项目,避免政府部门的决策者以个人偏好或政绩需要而作出盲目决策。彻底转变政府执政理念,明确各职能部门的责任界限,不断提高政府职能部门在公共服务供给中的工作效率。

(3) 疏通需求表达渠道

表达渠道是链接需求主体与客体的桥梁,只有渠道畅通,残疾人的需求才能表达上去。因此,政府和残联需要构建残疾人的利益表达渠道,及时掌握残疾人的公共体育服务需求,并对残疾人的需求做出及时有效的回应,从而调整公共体育服务供给的内容和方式,合理配置公共体育服务供给。另外,为了适应残疾人阶层分化的需要,在表达渠道除了疏通现有的表达渠道外,还要增设新的需求表达渠道,满足残疾人多样化需求。基层政府可以鼓励残疾人利用电话、信件、网络、民意调查、听证会、设立意见箱等多样化的方式直接向有关部门或领导进行需求表达。政府还应加强电子政府的建设,保障残疾人及时掌握政府的服务信息,并及时地进行回应。

(4) 建立参与机制

参与是残疾人实现平等权益与共享国家发展成果的途径。因此要让残疾人享有公平的公共服务保障权益与平等参与社会的权利,提高残疾人群体的组织化水平,充分发挥民主参与功能和监督功能,构建残疾人需求表达的组织基础。残疾人只有建立起自己的行业组织,才能让更多的残疾人走出家门,加入集体组织里一起发声,向政府、残联表达自己的切身需求,维护自己的参与权益,让政府、残联能够听到自下而上的需求呼声,为决策的制定提供第一手资料。同时基层政府、残联要创造多样化的残疾人参与形式,运用手机、网络等互联网技术,引导残疾人运用科技手段方便、快捷足不出户就可以实现与残疾人群体、与政府、残联的交流,实现多渠道的表达。

(二) 江苏省残疾人公共体育服务供给机制

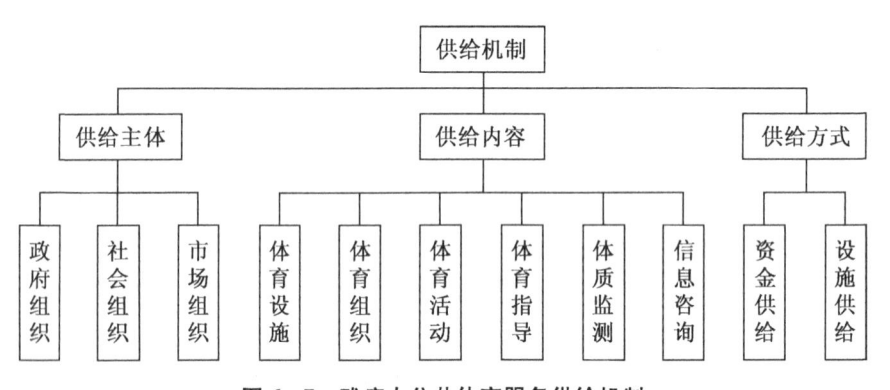

残疾人公共体育服务供给机制由供给主体、供给内容和供给方式3个部分构成,具体如图6-7所示。由于其自身的特点,残疾人公共体育供给更具多样性和复杂性。残疾人公共体育服务供给体系的构建和完善,是当下社会城镇化、市场化、老龄化和信息化发展进程的迫切需求,也是残疾人社会保障服务的需求。随着残疾人公共体育服务全覆盖、制度化、常态化的发展趋势,创新社会管理体制、转变政府职能已成为破解残疾人公共体育服务供需矛盾的现实选择。

通过政府职能的转变、制度的建设、社会组织专业化程度的提高,充分发挥供给各主体的优势,形成多主体合作供给,提升供给效率,从而提高残疾人公共体育服务水平。因此,围绕着残疾人公共体育服务供给主体多元合作、多元主体供给,紧密结合残疾人的基本体育健身需求,采取适合的途径和方式向残疾人提供公共体育产品和服务。

图6-7 残疾人公共体育服务供给机制

1. 江苏省残疾人公共体育服务供给主体的角色

(1) 政府部门

政府和残联是残疾人公共体育服务的规划者、供给者和监督者,在残疾人公共体育服务开展和运行的整个过程中起着主导性的作用。根据残疾人对公共体育服务的需求,为残疾人公共体育服务建设制定规划,提供财政经费和制度保障,引导其他主体共同参与残疾人公共体育服务供给,完善公共体育设施和无障碍环境,建立反馈和监督绩效考核评价机制。在公平价值的取向下实现政府供给的普惠性,满足和解决残疾人基本的公共体育服务需求。

(2) 市场

残疾人公共体育服务市场供给有效弥补政府供给不足、效率不高等问题。市场主体依靠市场经验、技术为残疾人提供契合残疾人体育健身需求的产品和差异化、多层次服务,承担着专业服务提供者和技术支持者的角色。如体育场地的无障碍设施、运动康复器材的制造,残疾人各项赛事的举办,政府可以通过购买服务,与企业签订购买协议,发挥企业的资源优势,由专门的企业提供技术支持。随着国家加大对公共体育服务结构调整,体育产品和服务会更加丰富,市场机制将不断完善,体育产业服务的力度将大大提升。同时为避免市场失灵现象,政府需通过建立严格的准入制度,对企业进行严格筛选,并建立相应的服务标准和服务质量评估机制,对相关服务进行监督,保证残疾人能够获得优质的服务。通过建立动态激励机制,对服务水平高、残疾人满意度高的企业,政府可以通过扩大购买量,给予现金奖励或税收优惠等方式,提高企业的积极性。

(3) 社会

社会组织由于其具有的公益、公平、自治的特性,决定了社会组织能够提供政府无力提供或提供效率低,市场又不愿提供的残疾人公共体育服务,很好地缓解了因政府失灵和市场失灵引起的供需矛盾,有力地补充了政府和市场供给的不足。社会组织既可以代表残疾人,作为残疾人权益的代言人参与到公共体育服务政策的制定,也可以代表政府提供供给。残疾人家庭和个体是残疾人公共体育服务供给的重要补充,家庭是维系残疾人生存的基石和归宿,在残疾人精神、心理支持上具有其他供给主体无法替代的作用。残疾人之间的互助、自助和家庭支持是残疾人得以走出家门参与体育健身、融入社会的最贴心的供给。

2. 江苏省残疾人公共体育服务多主体合作供给模式

治理理论中提出的合作治理是基于共同参与(co-operative)、共同出力(co-llaboration)、共同安排(co-arrangement)、共同主事(co-chairman)等伙伴关系的治理形式[1],主张政府、市场与社会组织通过合作而实现公共服务的

---

[1] 李静.基于合作式治理视角的政府购买公共服务机制创新研究[J].北京邮电大学学报(社会科学版),2011,(2):26-30.

提供,是公共体育服务供给构建多主体、多维度合作伙伴关系的必然选择。由此,在残疾人公共体育服务供给中要打破政府单一线性供给方式,需要在市场原则、公共利益和认同的基础上建立合作。根据残疾人公共体育服务合作主体的不同,残疾人公共体育服务多主体合作供给可分为4种合作模式:一是政府与市场(委托—代理)合作;二是社会与市场(监督—互动)合作;三是政府与社会组织(协作—互补);四是政府与社会组织、市场合作(图6-8)。

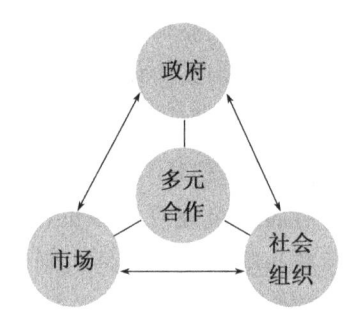

图 6-8 残疾人公共体育服务多主体供给方式

(1) 政府与市场(委托—代理)

政府通过购买服务、服务外包等竞争机制,利用外部优势资源,委托给具有一定资质、专业化水平高的企业或个体,不仅减轻了自身的负担,提高了服务效率和质量,并且满足了残疾人不同层次的多样化体育需求。

(2) 社会与市场(监督—互动)

社会组织与企业的合作,是互利互惠的过程。一方面社会组织通过与企业的合作,可以获得更多的资源如资金、技术、拓展服务范围等,另一方面企业通过与社会组织的合作可以获得更多的社会资源,如优惠的政策。同时社会组织作为非营利机构其公益性和志愿性很好地平衡了由于市场在竞争中追求利益最大化的营利性而造成的公平缺憾。

(3) 政府与社会组织(协作—互补)

政府与社会组织的非营利性质合作深受西方发达国家的重视,尤其是在美国、英国的社会组织有着十分成熟的运行方式,承担着本国大量的社会公共服务,公共体育服务也不例外,大量的社会体育组织、俱乐部为社区、学校提供优质的服务。社会组织在政策的导向下,享有政策优惠,为残疾人提供公共体育服务,同时也是残疾人的代言人,是残疾人与政府之间沟通的桥梁,帮助政府缓解由于供给不足而造成的供需矛盾,极大地补充了残疾人公共体育服务供给,为残疾人争取更多的公共体育福利。

（4）政府与社会组织、市场的多主体合作

政府与社会组织、市场的多主体合作可以实现资源的整合与对接，政府进一步放宽政策，利用优惠政策吸引和引导社会资源和社会力量的注入，加大政府购买服务力度，让更多的企业投身于公共体育服务体系建设，弥补政府财政供应不足、产品短缺、质量和效率不高等问题，政府可以运用市场手段提供，也可以与社会组织合作提供，满足公民和社会对公共体育服务的需求。将政府购买服务、社会志愿服务、市场有偿服务有机结合起来，统筹各方面的服务资源，形成多元伙伴关系，共同推进残疾人公共体育服务。

3. 江苏省残疾人公共体育服务多主体合作供给完善措施

（1）转变政府职能，实现多主体合作

当前残疾人公共体育服务依然是政府和残联领导下的自上自而下的供给，政府和残联掌握着残疾人公共体育服务的所有资源，包括制度规定、活动开展、资金投放、监督管理，这就很难形成多主体的合作关系、协作关系。政府需要转变职能，从"大包大揽"向"有所为，有所不为"转变，需要把目标转向保证残疾人公共体育服务供给的规划、监督、评价等职能，放开市场准入，社会能办的尽量通过政府购买、社会资本参与交给社会力量承担，激发和调动各种社会力量参与残疾人公共体育服务建设，优化配置公共资源，提高公共服务共建能力和共享水平。通过相关制度的建立和完善，为残疾人公共体育服务多主体合作供给提供制度保障，实现公共体育服务供给方式的多样化和主体的多元化，为残疾人提供多样化、个性化的公共体育服务。

（2）加强制度建设，规范多主体供给过程

政府应在了解残疾人体育需求的基础上，按照科学化、民主化原则制定有效的公共体育服务供给法规、政策，为社会组织、市场力量进入残疾人公共体育服务领域提供制度依据，建立与市场竞争机制、社会组织相配套的制度和规范，如准入制度、监督机制、质量监控，合理进行制度的设计和安排，并通过制度规范市场供给，建立服务标准，形成政府、市场、社会组织不同主体共同发挥作用的制度框架。

（3）提高社会组织建设，保障多主体供给

政府要采取有效措施着力培育和发展社会组织，引导和促进社会组织参与公共体育服务，从而有效地扩大残疾人公共体育服务供给总体规模，优化供给结构，提高供给质量。《中国残疾人联合会民政部关于促进助残社会组织发展的指导意见》对助残社会组织发挥作用提出相关指导意见，加大助残组织的服务力度。因此,应当以政府为主导,以社会组织为主体,推动政府、市场和社会组织的分工协作、良性互动,充分发挥社会体育组织在残疾人公共体育服务体系中的主体作用。

(4) 建立社会监督和考核评价制度,提升多主体供给效率

政府在残疾人公共体育服务供给中承担主要责任,需不断完善监督机制,对政府购买服务进行公开、公平、公正和透明,接受社会监督,同时政府也要对社会组织、市场进行监管,包括资格审查、认证和运行监督,确保公共体育服务供给质量。再者,要不断完善绩效评价机制,拓展社会参与评价途径,建立目标考核制度,把残疾人公共体育服务建设作为各级、各部门的重要工作和政绩考核内容,定期对残疾人公共体育服务的投入、质量、效率进行评估,及时调整相关政策和多主体合作供给模式,提升多主体供给效率。

(三) 江苏省残疾人公共体育服务保障机制

保障机制是残疾人公共体育服务运行的基础,完善的保障机制可以为残疾人公共体育服务稳定持久健康地运转提供保证,从而确保实现残疾人公共体育服务运行诸要素的功能,并且使该服务运行机制得到不断的完善和提高。保障机制主要由政策保障、组织保障、资源保障和管理体制构成(图6-9)。

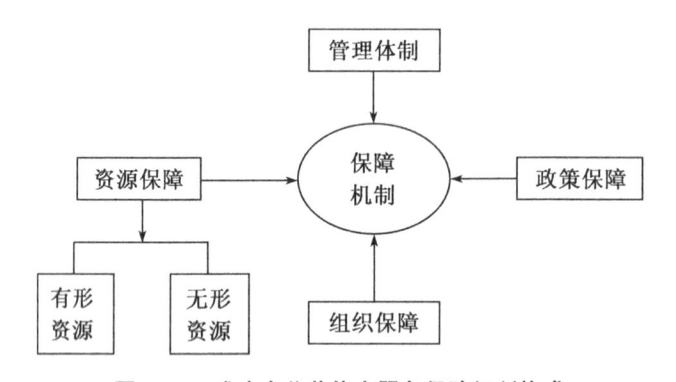

图6-9 残疾人公共体育服务保障机制构成

1. 江苏省残疾人公共体育服务保障机制构成要素

(1) 政策保障

政策是政府、机构、组织在一定时期内为实现既定目标而制订的一系列的规划和具体措施,具有一定的权威性、规范性和引导性。合理健全、执行有效的政策是保障残疾人公共体育服务体系建设科学化、常态化和制度化的重

要依据。从政策的制定和出台可以分为国家和地方政府两个层面,即国家层面,指导残疾人公共体育服务的发展规划、发展战略与基本目标;地方各级政府层面的残疾人公共体育服务体系建设规划、发展战略与基本目标。同时还有相关的法律、法令和条例都属于政策保障体系范畴之内,从保障残疾人最基本的体育权利到公共体育场地设施开放、资金投入、服务内容和标准规定以及社会体育指导员管理条例都是采用具有行政命令和法律法规的形式规定下来,从而保障残疾人能够自由、平等地享受公共体育服务。由此,围绕着"平等、参与、共享"目标,从健全残疾人公共体育服务保障体系角度出发,一方面要推进残疾人公共体育服务法规建设,另一方面要稳妥地出台促进残疾人公共体育服务的政策,加强公共体育服务领域政策创新,加快政策的研究制订,科学论证保障的标准和范围,并随着残疾人公共体育服务保障政策的出台,加大政策落实力度,确保残疾人公共体育服务的各项政策落到实处,对需要急需解决的重点问题,精准施策,提高残疾人公共体育服务保障的精确实施水平。

(2) 组织保障

基于残疾人公共体育服务客体的复杂性,残疾人公共体育服务的组织保障不仅是实现公共体育服务目标的基础保障,而且是推进残疾人公共体育服务体系建设的重要保证。目前我国残疾人的组织建设是涵盖国家级、省(直辖市、自治区)级、县(市)级、镇、街道办事处、村(社区)基层的4个层级残疾人组织建设。国家层面的残疾人工作是由中国残疾人联合会负责,涵盖残疾人体育工作,其次是各个省区市残联,以及县级残联、镇、街道办事处残联专干负责残疾人体育工作的组织、活动的开展以及康复体育工作站的建立等协调发展。残疾人公共体育服务的组织保障不仅涉及残联,还涉及国家体育总局、民政部、卫计委等多部门的组织协调,即有横向的,还有纵向的结构,有政府组织、社会组织、非营利组织、私人组织等。因此,加强残疾人公共体育服务组织建设,使残疾人公共体育服务工作有可靠的组织保障,通过完善的组织建设使残疾人公共体育服务工作的网络从国家、省区市、县级延伸到乡村,健全残疾人公共体育服务组织机构,真正做到残疾人公共体育服务工作有组织、有人员、有经费、有场地设施(图6-10)。

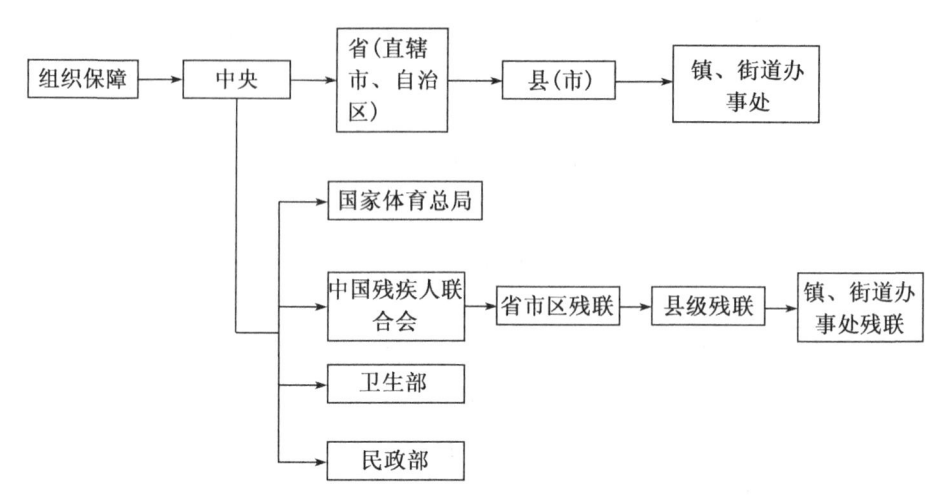

图 6-10 残疾人公共体育服务组织保障

(3) 资源保障

资源指的是各种物质要素的总和。就公共体育服务而言资源是实现公共体育服务的前提,是用于提供体育产品和服务的各种条件和要素的总和。[1] 资源包括有形资源如人、财、物和无形资源如科技、信息等。具体表现为:①为满足残疾人公共体育需求提供服务人员。主要有从事体育工作的管理人员、科技人员、专业指导人员和志愿者。②用于满足体育活动开展的场地器材资源。主要有体育场地、器材、设施等物资。③用于体育活动开展所占用的经费资源。④用与体育活动组织、实施、开展的各种信息资源,构建无障碍信息通道。显然资源的保障是解决残疾人公共体育服务建设的一个重要条件,所以在资源的使用和利用方面,存在如何均衡而又合理地分配社会资源与机会的问题。由此,坚持残疾人公共体育服务的福利性与公共性以及处理好资源的合理配置,加大政府对残疾人公共体育服务的投入,建构统一的社会化资源分配模式,解决福利资源的调动和分配模式以及社会化的公共体育服务的运行等方面存在的问题,注重各种公共体育服务资源的合理配置和实际效益(图 6-11)。

---

[1] 隋璐.中国体育资源配置效率研究[M].北京:社会科学出版社,2011:1-173.

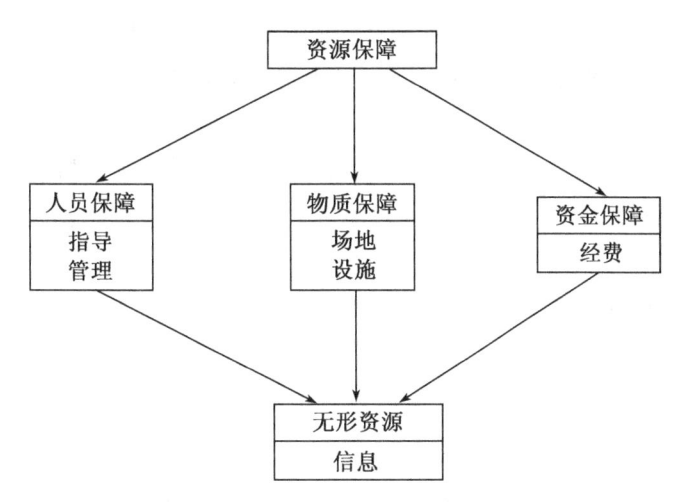

图 6-11 残疾人公共体育服务资源保障

（4）管理体制

管理是保证公共体育服务有效运行的必要条件，只有优化管理程序，更新管理理念，管理体制创新，从而提高管理效率。残疾人公共体育服务管理体制包括效率、公平制度、激励制度和公共监督。[1][2]

第一，服务效率。要提高残疾人公共体育服务效率，就必须建立高效的运行机制，而高效的运行机制需要充分发挥政府、市场、社会各自的优势和作用，努力形成方式灵活、高效率的多元主体供给机制。[3] 同时切实提高资源配置的均等性、合理性，确保残疾人体育公共服务的高效运行，努力实现公共体育服务保障政策实施效率和社会效益最大化，使残疾人有更多的获得感。

第二，公平制度。残疾人公共体育服务首先要保证残疾人生存和发展的起点是公平的，其次是提供均等的、公正的、基础性的服务。一方面要让残疾人在社会公平正义的制度下享受国家提供的公共体育服务，另一方面要遵循平等参与共享原则，建立公平保障机制，实现机会均等。尤其要关注农村、经济不发达区域残疾人公共体育服务的问题，保障残疾人的体育权益，促进公平公正。

第三，激励制度。激励制度是残疾人体育服务运行机制中的一项重要内

---

[1] 王伯超.构建我国体育公共服务体系的理论思考[J].广州体育学院学报,2009,(1):1-4.
[2] 李燕领,王家宏,蒋玉红.中国公共体育服务体系:模式选择与机制建设[J].成都体育学院学报,2015,(4):57-61.
[3] 王伟同.中国公共服务效率评价及其影响机制研究[J].财经问题研究,2011,(5):19-22.

容,通过激发各相关部门在残疾人公共体育服务中的积极性,促使公共体育服务产品和服务的提供方式的创新,不断增强运行的发展活力和后劲,实现残疾人公共体育服务的良性运行。

第四,公共监督。建立完善的残疾人公共体育服务运行机制需要加强权责一致、协调运行、规范有序、体现效能的公共监督管理。通过人大、司法、政府内部、民主和社会等监督主体,构建公共服务广覆盖、全过程的监督机制,通过绩效评估,满意度调查,强化履职问责监督,提升监督力度和效用,形成多主体的社会监督合力。

(四) 江苏省残疾人公共体育服务评价机制

残疾人公共体育服务评价机制是残疾人公共体育服务的制度改进、政策完善、质量提高最为有效的手段和方法,也是一种积极有效的管理手段和反馈机制。残疾人公共体育服务评价可以帮助政府、残联、学校、社区管理者建立起一整套科学的管理控制系统,全面掌握和了解江苏省残疾人公共体育服务发展状况,减少公共体育服务建设的盲目性,从而有效地促进江苏省残疾人公共体育服务发展。残疾人公共体育服务评价机制包括评价主体、评价客体、指标体系、评价方法和程序等。

1. 江苏省残疾人公共体育服务评价机制构建的基本原则和框架

(1) 基本原则

第一,科学性原则。以系统理论为指导,运用科学的方法建立评价指标体系,体系内的指标应符合国家对残疾人公共文化体育服务的目标和标准要求,也应符合江苏省经济与社会发展规律,运用科学的方法尽可能比较客观的反映实际情况,从而得到客观、真实、准确的评价结果。

第二,有效性原则。构建的评价指标体系必须与江苏省残疾人公共体育服务的内涵和构成要素相符合,能够真实地反映出政府、残联提供公共体育服务的实际情况。评价指标体系必须是客观的描述,力求能全面、系统、综合地体现服务的整体效果,有效地反映现实与理想的差距,达到评价的目的。

第三,系统性原则。残疾人公共体育服务内容涵盖场地设施服务、健身组织服务、体育活动服务、健身指导服务、信息咨询服务、体质监测服务等,涉及政府、残疾人体育组织、残疾人本身等多个利益相关主体,这就要求构建的评价体系涵盖范围足够广,能够反映残疾人公共体育服务的各个方面,每个层面又由一定相应的指标反映出来,按照一定的逻辑顺序有层次的系统排列。

第四,可操作性原则。首先是选取的评价指标必须符合江苏省残疾人公共体育服务现实,要根据实际来制定,构建的指标体系能够得到广泛应用。其次是数据、资料的可获取性,所有的指标应便于数据采集,可采用定性和定量的方法将数据、资料量化,满足直观易用的要求,评价过程要简单。

(2) 基本框架

一个完整的评价过程就是由评价各要素组成的一个评价系统,按照评价组成结构,残疾人公共体育服务评价机制是由评价主体、评价客体、评价指标、评价方法和评价过程构成。评价主体主要是指设计或主持评价活动的机构或个体,如政府、残联或者委托的第三方评估机构,主要回答"谁来评价"问题;评价客体主要是指被评价的对象,有可能是组织(如学校、社区),也有可能是个体独立接受评估,回答"评价谁"的问题;评价指标就是对评估对象的数值要求,如所要反映的是多个指标,就构成了指标体系,主要回答"评价什么"的问题;评价方法是用来实施评价的具体方法,可以是一种或多种方法,主要是能够适合评估的目的,回答"用什么评价"的问题;评价程序就是执行完整的评价过程,包括评价开始信息的搜集、评价中的具体实施和最后评价的反馈。

2. 江苏省残疾人公共体育服务评价指标体系构建

(1) 评价指标体系构建步骤

第一,评价指标体系形成阶段。评价指标体系是由若干个指标按照一定的结构和形式组成的一个层次分明、顺序合理、各个指标之间又相互联系的指标群。评价指标体系的科学化程度直接决定着评价结果的科学性和有效性,因而构建科学、系统的评价指标体系是评价活动的关键环节。通过对国内外相关公共体育服务绩效评价的研究成果进行分析,以及对江苏省体育局根据江苏省经济状况建立的市级和县级公共体育服务体系示范区指标体系进行研究分析,参照国内外相关研究以及江苏省市级和县级公共体育服务评价指标体系,根据江苏省残疾人公共体育服务运行内涵要素,初步将评价指标体系的一级指标分为6个,二级指标分为20个和57个三级指标。

第二,评价指标体系筛选阶段。运用德尔菲法(Delphy method)进行残疾人公共体育服务评价指标的两轮筛选与修正。参加选取的专家包括体育管理学、体育人文社会学、体育教育学、运动康复学等研究领域的专家学者以及残联等实践领域专家11名。在参与选取的专家中均具有十年以上从事专项工作的经验,对工作领域事务非常熟悉。

第三,评价指标体系构成阶段。经过两轮专家的筛选与修正,最后确定了投入类、产出类和结果类3个一级指标,在投入类一级指标中有3个二级指标。产出类有6个二级指标和结果类有2个二级指标,在二级指标中衍生出若干项具体指标为三级指标,最终形成3个一级指标、11个二级指标和40个三级指标的江苏省残疾人公共体育服务评价指标体系(表6-1)。

(2)评价指标内容

① 经费投入。保障残疾人公共体育服务的各项资金包括政府财政、企事业单位资金、社会捐赠等。

② 政策法规。保障残疾人公共体育服务各项工作正常开展,依照相关法律、法令、政策而制定的具有法规性或指导性与约束力的各种行政法规、章程、制度、公约。

③ 人力资源。开展残疾人公共体育服务各项工作的人员,包括体育局、残联、街道、社区的管理干部和专职委员。

④ 场地设施。开展残疾人公共体育服务所依托的物质载体包括体育场地、体育场馆、室内外健身设施、全民健身路径、体育器材。

⑤ 体育组织。保障残疾人公共体育服务运行的各类体育组织包括政府、公共体育社会组织、残疾人体育协会。

⑥ 体育活动。为达到健身目的而开展的各类残疾人群众体育、竞技体育、康复体育活动,健身周、社区体育活动和定期开展的省级、市级各类残疾人体育运动会、单项体育竞赛活动。

⑦ 健身指导。为达到健身目的对残疾人进行健康评价、运动处方、健身技能指导,并采用科学手段、方法和仪器对残疾人的体质状况进行监测和实测。

⑧ 运动康复。为达到康复身体的目的而进行的运动康复训练。

⑨ 信息服务。各类健身信息传播、健身信息平台、健身宣传活动。

⑩ 满意度调查。为了解残疾人对公共体育服务的满意程度进行调查。

⑪ 服务效果。采用专项调查经常参加体育锻炼的人口比例,对残疾人体质进行监测。

表 6-1 江苏省残疾人公共体育服务评价指标体系

指标 一级指标	指标 二级指标	序号	三级指标
投入类	经费投入	1	年公共体育服务经费投入增长率
		2	年人均公共体育服务经费
		3	体彩公益金本级留成用于公共体育服务经费
		4	福彩公益金本级留成用于公共体育服务经费
	政策法规	5	公共体育服务政策法规的执行情况
		6	公共体育服务的"四纳入"
	人力资源	7	残疾人体育专（兼）职人员
产出类	场地设施	8	人均公共体育场地面积
		9	特教学校场地设施的社会开放率
		10	残疾人文体健身活动中心（大、中型）
		11	社区残疾人康复设施
		12	体育场馆无障碍设施建设
		13	康复体育器材投放率
	体育组织	14	残疾人体育社团数量
		15	残疾人体育协会数量
		16	参加残疾人体育健身社团人数
		17	残疾人群众体育示范点数量
	体育活动	18	定期举办残疾人健身运动会
		19	定期举办乡镇（街道）残疾人健身运动会
		20	组织开展残疾人健身日活动
		21	开展节（假）日残疾人健身活动
		22	举办各类残疾人健身竞赛活动
		23	康复体育三进家庭率
	健身指导	24	残疾人体育健身指导员数量
		25	经常服务的残疾人体育健身指导员人数比例
		26	残疾人体质监测站点
		27	年接受体质监测人数
		28	定期发布残疾人体质监测报告

(续表)

指标		序号	三级指标
一级指标	二级指标		
结果类	运动康复	29	运动康复机构数量
		30	接受运动康复治疗人次
	信息服务	31	地方媒体残疾人健身栏目(电视、电台、报刊、官网)
		32	每年开展体育健身讲座次数
		33	地方残疾人健身信息平台(县级)APP
		34	残疾人健身日宣传活动
	满意度调查	35	场地设施满意度
		36	活动开展满意度
		37	体育组织满意度
		38	健身指导满意度
	服务效果	39	经常参加体育锻炼的人口比例
		40	《国民体质监测标准》总体合格达标率

(3) 残疾人公共体育服务评价指标释义及其采集渠道、方法

① 年残疾人公共体育服务经费投入增长率

释义：上一年度残疾人公共体育服务财政经费减去上年度残疾人公共体育服务财政经费的余额，除以上一年度残疾人公共体育服务财政经费所得的比例。计算方法为：

比例＝(上一年度残疾人公共体育服务财政经费－上年度残疾人公共体育服务财政经费)/上一年度残疾人公共体育服务财政经费

采集方法为：残联提供的上一年度残疾人公共体育服务经费预算文件。

② 残疾人年均公共体育服务经费

释义：单位年度用于辖区常住残疾人公共体育人均服务经费。

计算办法：单位年度用于残疾人公共体育服务的财政经费/辖区常住残疾人人口总数。

采集方法：残联提供的上一年度残疾人公共体育财政事业经费使用情况数据。

③ 体育彩票公益金本级留成用于公共体育服务经费

释义：本年度体育彩票公益金本级（省域、市域）留用，并用在公共体育服务的费用。

计算方法：本年度体育彩票公益金本级（省域、市域）－投入公共体育服务资金

采集方法：体育彩票中心或官方网站。

④ 福利彩票公益金本级留成用于公共体育服务经费

释义：本年度福利彩票公益金本级（省域、市域）留用，并用在公共体育服务的费用。

计算方法：本年度福利彩票公益金本级（省域、市域）/投入公共体育服务资金

采集方法：民政局福彩中心或官方网站。

⑤ 公共体育服务政策法规的执行情况

释义：对国家、省、市级政府、体育局、残联下发的有关公共体育服务政策法规的实施。

采集方法：省、市、区残联提供的上一年度有关公共体育服务政策法规制度实施情况总结。

⑥ 残疾人公共体育服务体系"四纳入"

释义：将公共体育服务纳入各地区"政府工作报告""财政预算""国民经济和社会发展规划""政府工作年终考核"。

采集方法：地区政府官方网站公布的上一年度"政府工作报告""财政预算执行情况""国民经济和社会发展规划执行情况""政府工作年终考核"。

⑦ 残疾人体育专（兼）职工作人员

释义：在辖区残联、街道、社区登记、备案的残疾人体育专（兼）职工作人员

⑧ 残疾人人均体育场地面积

释义：指辖区可供常住残疾人口所使用的室内外体育场地、场馆面积的人均面积值。

计算方法：辖区各类室内外体育场地、场馆总面积/上一年度辖区常住居民人口。

采集方法：场地数据取自第六次全国体育场地普查统计数据，或辖区体育局官方网站上一年度统计数据；常住居民人口统计数据取自辖区上一年度

统计年鉴。

⑨ 特教学校场地设施的社会开放率

释义:指辖区特教学校体育场地(馆)对社会开放时间。

计算方法:特教学校室外体育场地设施按时、免费向社会开放,其中工作日开放时间每天早、晚相加不少于3小时,双休日、节假日每天不少于6小时(特殊情况除外)。

采集方法:辖区教育局提供开放时间表。

⑩ 残疾人文体健身活动中心(大、中型)

释义:辖区已建成可供残疾人训练、比赛、健身使用的体育中心、健身中心和体育公园。

采集方法:以"体育中心""健身中心""体育公园"为关键词在百度地图进行搜寻。

⑪ 社区残疾人康复设施

释义:是指社区里已有的残疾人康复器材。

采集方法:社区提供上一年度数据。

⑫ 体育场馆无障碍设施

释义:辖区已建成的体育场馆无障碍设施数量。

采集方法:体育局提供的体育场馆建设无障碍设施数据。

⑬ 康复体育器材投放率

释义:辖区已投放的康复器材数量。

采集方法:体育局或残联提供的上一年度数据。

⑭ 残疾人体育社团数量

释义:以辖区残疾人为对象的体育社团。

采集方法:体育局或残联提供的上一年度数据。

⑮ 残疾人体育协会数量

释义:地区成立的残疾人体育协会。

采集方法:体育局或残联提供的上一年度数据。

⑯ 参加残疾人体育健身社团人数

释义:辖区内残疾人参加的体育社团数量。

采集方法:体育局或残联提供的上一年度数据。

⑰ 残疾人群众体育示范点数量

释义:建立省、市级残疾人体育健身示范点数量。

采集方法:体育局或残联提供的上一年度数据。

⑱ 定期举办残疾人健身运动会

释义:以县(市、区)及以上地区残疾人为对象定期举办的残疾人健身运动会。

采集方法:辖区体育局或残联提供的上一年度运动会秩序册。

⑲ 定期举办乡镇(街道)残疾人健身运动会

释义:以辖区居民为对象定期举办的街道/乡镇全民健身运动会。

采集方法:街道办事处/乡镇政府文体工作指导站提供的上一年度数据。

⑳ 组织开展残疾人健身日活动

释义:以残疾人为对象所组织开展的各类残疾人健身日活动。

采集方法:地区体育局或残联提供的上一年度残疾人健身日活动通知、方案及活动参与人员名单。

㉑ 开展节(假)日残疾人健身活动

释义:辖区在节(假)日所开展的各类残疾人健身活动。

采集方法:地区体育局或残联提供的上一年度节(假)日残疾人健身活动通知、方案及活动参与人员名单。

㉒ 举办各类残疾人健身竞赛活动

释义:以辖区某项体育运动项目或某类残疾为对象的残疾人健身竞赛活动。

采集方法:地区体育局或残联提供的上一年度赛事秩序册。

㉓ 康复体育三进家庭率

释义:是指将康复体育器材、康复体育方法、康复体育服务送入残疾人家庭(即"三进服务")。

采集方法:地区体育局或残联提供的上一年度入户数据。

㉔ 残疾人体育健身指导员数

释义:参加省、市级残疾人体育健身指导员培训,经培训考核合格,由残联体育协会颁发获得残疾人体育指导员技术等级称号的人员数量。

采集方法:地区残联或体育局提供的上一年度统计数据。

㉕ 经常服务的残疾人体育健身指导员人数比例

释义:辖区月平均服务次数在 3 次以上残疾人体育健身指导员人数除以辖区社会体育指导员总数。

计算方法:比例=月平均服务次数在 3 次以上残疾人体育健身指导员人

数/辖区社会体育指导员总数。

采集方法：残联或体育局提供上一年度统计数据，或第三方机构抽样调查数据。

㉖ 残疾人体质监测站点

释义：指达到省体育局规定的国家级、省级、市级标准的"国民体质测定与运动健身指导站"数量。

采集方法：体育局提供的上一年度统计数据。

㉗ 每年接受体质监测残疾人数比例

释义：辖区内每年接受体质测定并上传体质测试数据的残疾人数占辖区残疾人总数的比例。

计算方法：比例＝每年接受体质测定并上传体质测试数据的残疾人数/辖区残疾人总数。

采集方法：体育局提供的上一年度统计数据。

㉘ 定期发布残疾人体质监测报告

释义：每年发布辖区残疾人体质监测报告。

㉙ 运动康复机构数量

释义：是指辖区内提供运动康复训练的机构数。

采集方法：体育局提供的上一年度统计数据。

㉚ 接受运动康复治疗人次

释义：是指辖区内每年接受运动康复治疗的次数。

采集方法：体育局提供的上一年度统计数据。

㉛ 地方媒体残疾人健身栏目（电视、电台、报刊、官网）

释义：指在县（市、区）及以上地区电视、电台、报刊、官网设置或刊播健身节目、信息。

采集方法：在随机时段以"健身"为关键词搜索县（市、区）及以上地区电台、报刊、官网上的健身信息。

㉜ 每年举办残疾人科学健身讲座培训次数

释义：指辖区举办的人数规模在30人以上的各类健身讲座及培训活动。

采集方法：体育局或残联提供的上一年度培训通知、方案及参与人员名单。

采集方法：体育局或残联提供的上一年度辖区体质监测报告。

㉝ 地方残疾人健身信息平台(县级)APP

释义:地方政府及体育局免费提供的健身信息 APP。

采集方法:对手机应用 APP 进行搜索。

㉞ 残疾人健身日宣传活动

释义:电视、电台、报刊、官网上刊播的有关残疾人体育健身日宣传活动信息。

采集方法:在随机时段以"残疾人体育健身日"为关键词搜索县(市、区)及以上地区电视、电台、报刊、官网上的全民健身日信息。

㉟ 场地设施满意度

释义:是指对政府或残联提供的场地设施的满意程度。

采集方法:残联或社区以残疾人为对象进行问卷调查。

㊱ 活动开展满意度

释义:是指对政府或残联提供的活动开展的满意程度。

采集方法:残联或社区以残疾人为对象进行问卷调查。

㊲ 体育组织满意度

释义:是指对政府或残联的体育组织满意程度。

采集方法:残联或社区以残疾人为对象进行问卷调查。

㊳ 健身指导满意度

释义:是指对政府或残联提供的健身指导的满意程度。

采集方法:残联或社区以残疾人为对象进行问卷调查。

㊴ 经常参加体育锻炼的人口比例

释义:是指对每周参加体育锻炼 3 次以上,每次锻炼 30 分钟以上的人(含在校学生)。

采集方法:残联或社区、学校以残疾人(学生)为对象进行调查。

㊵《国民体质监测标准》总体合格达标率

释义:指达到"国民体质监测标准"的残疾人数量。

采集方法:体育局或残联提供的上一年度统计数据。

第四节　江苏省残疾人省公共体育服务运行的实施策略

一、加强政策创新，完善服务运行机制

江苏省残疾人公共体育服务的建设需在政府的主导、社会的支持和残疾人全面参与下完成，创新残疾人公共体育服务的体制机制，加强城乡统筹规划以及政府主管部门的协同联动机制，建立健全政府职责体系，强化政府职责，充分发挥政府主导作用，坚持科学化引领，为残疾人公共体育服务提供政策支持，构建良好的制度体系。根据江苏经济社会发展水平，从苏南、苏北、苏中的实际出发，各级政府通过政策制定和设计，引导多元主体的参与，通过体制机制的创新，提升残疾人公共体育服务质量，通过构建标准化服务，促进和完善残疾人公共体育服务运行机制，通过实施评估指标的监测，全面、系统、准确、科学地把握江苏省残疾人公共体育服务的状况，及时调整和修正政府在制定政策，实施过程出现的新问题、新动态，全方位提高服务质量。

二、构筑交互式多元主体供给机制，满足不同需求

残疾人康复、健身体育作为残疾人公共体育服务产品，可以由政府购买服务，由专业的社会组织或团体实施，并得到家长或社区（学校）参与和支持（图6-12），只有这样才能发挥政府的主导作用，提高政府保障能力，同时需要充分调动社会各行业、各系统、各部门协同配合，全社会共同参与，形成中央、省、县（市）、乡镇（街道）四级联动分层管理体制（图6-13），才能形成完善的残疾人基本公共体育服务运行机制。构筑立体交互式多元主体供给机制，增加"保底性"的公共体育服务，面对不同残疾类型提供的服务也有所侧重，区别对待，尤其是对贫困、重度残疾等特殊困难残疾人和家庭，公共体育服务的供给需要采取直接提供，或是委托提供和购买等多元组合方式，推进残疾人公共体育服务社团化。一方面是政府提供的"低保供给"，直接走入贫困、重残和多残家庭，提供康复体育器材，教会其进行康复体育锻炼的方法，定期进行上门指导，实现精准服务。另一方面充分利用公益组织、体育社会组织、志愿组织委托或购买服务，为残疾人提供专业化、规范化服务，提高服务效率和服务质量，最终满足残疾人公共体育健身需求，提高残疾人满意度。

图 6－12　　　　　　　　　图 6－13

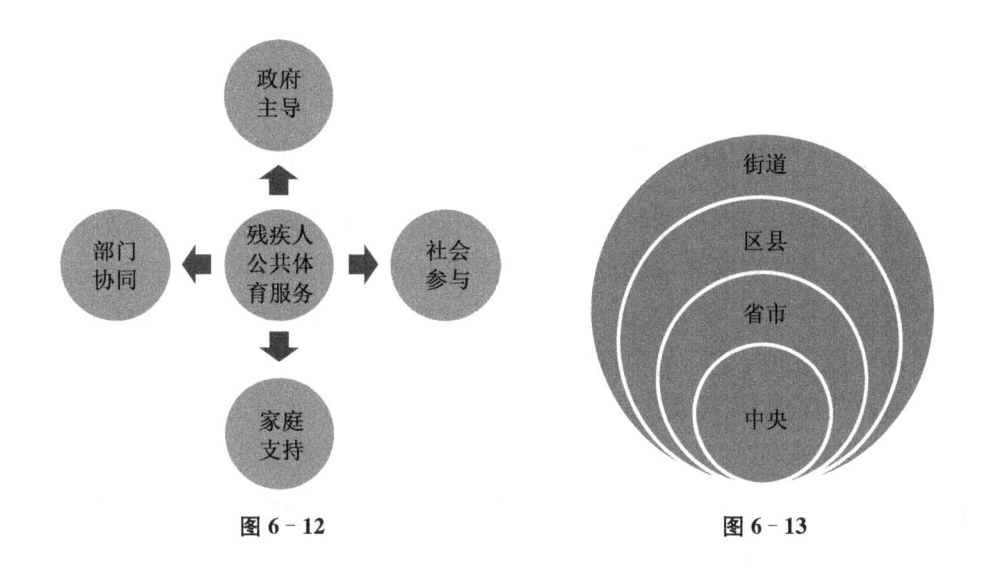

三、激发专业协会和社会组织的活力，提高服务能力

　　残疾人的专门协会是残疾人自我管理、自我互帮互助的最有效基层组织，是最直接面对各类残疾人和最具号召力的团体，也是残疾人与政府沟通的桥梁。专门协会对于有效地开展残疾人群众体育活动有着独特的实施作用，它不仅具有沟通便捷、协调一致等功能，更为重要的是专门协会成员自身就是服务的对象，在享受和参与公共体育服务的同时，也是公共体育产品和服务质量的监督者和反馈者。残疾人专业协会和社会组织具有草根性、民间性、非营利性、自治性和志愿性的特点，能够有效地充当残疾人和政府沟通的桥梁，更好地实现政府、残疾人、社会、家庭等各方利益的最大化，促进社会和谐稳定。因此，要充分重视和激发残疾人专业协会和社会组织参与公共体育服务的活力。加强残疾人专业协会和社会组织的培育，大力发展和壮大残疾人专业协会和社会组织。首先，要积极培育残疾人专业协会和社会组织，充分发挥残疾人专业协会和社会组织在残疾人公共体育服务的需求表达、服务供给与监督评价等方面的作用。在这些残疾人专门协会里不乏专业技能的人员，他们完全可以充当社会体育指导员的角色，组织和指导残疾人进行体育健身活动。其次，要充分发挥一些专业体育社会组织优势，采用政府购买公共服务或服务外包等方式，为残疾人群众提供规范化、专业化的服务，从而满足不同类别残疾人群众的体育健身需求。也可以通过体育院校、残联残疾人体育研究中心、基地，培育和孵化残疾人体育社会组织，为残疾人体育健身

服务提供科学指导,发挥专业社会组织在残疾人公共体育服务方面的专业知识和技能,提升公共体育服务的质量。

四、建立有效的社会保障和资源保障机制,提升服务质量

建立完善的社会保障制度,提供均等化的、可支付的、可获得的服务机制是残疾人公共体育服务能够健康而可持续发展的先决条件。只有建立在国家政策保障基础上,给残疾人予以更多的赋权,才有可能为更多的残疾人,尤其是那些依靠低保生活的中重度残疾人参与康复、健身体育锻炼提供有力的权利和政策保障,残疾人在从事康复、健身体育锻炼时才有可能得到资金、场地、指导等方面的大力支持。同时合理的资源配置是实现残疾人公共体育服务的基本保障,只有对现有的人力、物力、财力等公共体育资源进行合理的分配、组合,也就是说要加强残疾人公共体育服务的专业人才队伍建设、加大公共财政投入和强化残疾人公共体育服务设施建设,才能最大程度地满足残疾人康复、健身的体育需求,其中公共体育服务体系中的无障碍设施、场馆免费、特殊器材的研发与利用等都是保障残疾人共享公共体育服务的核心要素。

(一) 加强残疾人公共体育服务人才队伍建设

建立健全残疾人公共体育服务运行机制,人才队伍是关键,专业人才的总量、结构都会影响和制约残疾人公共体育服务的运行。残疾人公共体育服务不仅涉及体育学、管理学的专业人才,还涉及医疗康复、运动保健、心理等专业人才。因此,在残疾人公共体育服务体系建设实践中,专业技术人才的培养与发展尤为重要。积极培育和培养一批服务基层的专兼职人才队伍,包括管理人员、专业技术指导人员、科研人员等。① 加强社区残疾人体育健身指导员、康复训练指导员数量,为社区残疾人提供就近、方便的康复健身指导。② 对残疾人管理服务、健身指导、科研人员加大宣传和教育,提高服务意识和质量,加大对基层专兼职残疾人健身指导、社区工作人员轮训制度,提高他们的业务技能、综合素质和工作能力,造就一批高素质、专业化社会工作人才队伍。③ 完善残疾人公共体育服务人才队伍管理体制机制。人才队伍的稳定与发展直接关系到残疾人公共体育服务体系建设,建立一套专业公共体育服务人才梯队培养计划,坚持专业教育和业务培训相结合,吸纳更多人才加入残疾人服务的行列。转变人才队伍的培养与管理方式,通过创新人才培养的开发机制、评价机制、选拔机制、流动机制、激励机制等,增强人才队伍

的活力,形成组织有序、运行合理的管理和服务体系,从而保障残疾人公共体育服务高效运行。

(二) 加大残疾人公共体育服务运行财政保障

财政保障是顺利实施各项规划、措施的根本保障,残疾人公共体育服务运行机制建设与财政的保驾护航有着最为密切的关系,也是关乎残疾人公共体育服务运行机制建设成效的重要条件之一。首先要保障经费来源。一方面是政府要对残疾人公共体育服务的投入予以重视,增加政府财政拨款,建立中央公共财政专项制度,加大中央财政资金的专项投入,引导资源向残疾人公共体育服务方向倾斜,以确保每年财政的资金投入,为残疾人公共体育服务提供切实有效的财力保障,要让更多的残疾人在专项资金保障下真正实现康复健身,让更多的残疾人在体育锻炼中强身健体。建立残疾人公共体育服务的专项财政保障制度,加大残疾人公共体育保障机制的财政投入,一方面降低和放宽准入门槛,积极动员和募集社会力量资金注入,扩大民间资本投融资渠道,借鉴国外慈善募捐成功经验,积极推动社会资本参与的多元化投入机制;另一方面政府加强引导资金,积极推行政府购买服务,设立残疾人公共体育服务基金,将部分体育彩票、福利彩票公益金用于残疾人"自强健身工程""健身周"和"健身运动会"等品牌活动和项目。其次要合理配置经费资源,确保区域之间,城乡之间,社区间实现均衡配置。由于苏南、苏北、苏中经济发展的不均衡使得各地市县的经费资源各不相同,由此,各地需根据经济发展状况合理配置,建立完善的资金扶持机制,重点对低收入、困难家庭的进行扶持,保障其参与体育的权利,对条件差、偏远地区、农村地区进行扶持,改善基础的健身设施条件。

(三) 强化残疾人公共体育服务的基础设施建设

残疾人公共体育服务的基础设施建设是提升公共体育服务水平的基础条件,涵盖了社会公共基础设施,如政府提供在基础设施、环境保护等领域的基本公共服务,以及政府在残疾人基本公共体育服务方面如体育场馆的无障碍设施、体育比赛的手语翻译、盲道使用等。第一,加强残疾人公共体育服务基础设施建设,重点是农村、学校、社区公共体育器材、场地设施建设,如小型门球场、篮球场、足球场、健身活动中心。第二,针对残疾人公共体育服务的特殊性和专业性,充分利用"康复站""自强健身示范点""自强健身工程"建设,打造一批适合残疾人使用、简单易行的场地设施。第三,充分利用全民健身步道、路径、俱乐部等公共体育设施,加强政府补贴,实施特惠和普惠政策,对残疾人低价或免费开放,如乒乓球、羽毛球、篮球场馆同时对现有的健身路径设施进行无障碍改造,充分满足残疾人的健身需求,推动残疾人公共体育健身设施建设稳定发展。

五、建立多元化服务运行模式,深化服务内涵

要让更多的残疾人获得体育锻炼,达到康复、健身的目的,单一的服务运行模式已经无法满足残疾人的需求,这不仅体现在苏南、苏北经济差异,而且体现城市与农村的差异。因此建立多元化的运行模式是实现残疾人公共体育服务最为有效的方法。围绕健康战略,以残疾人健康为主题,跨界整合卫生、养老、文化、教育、旅游等部门,依托街道、社区保健站和运动康复机构,建立社区康复健身体育模式,将残疾人的体质监测和医疗卫生保健结合,将康复保健纳入医保,推广医保卡余额的健身锻炼方式。充分发挥残联主导作用,提供制度和资金保障,社区残疾人体育健身指导员提供专业指导,专职委员负责残疾人各类康复体育活动的组织与实施,形成网络化支持体系。与社区残疾人养老相结合,探索步入老龄化时代的残疾人公共体育服务运行模式。依托学校、机构与特教学校体育教育融合,深化体教融合发展,建立学校康复健身体育模式,根据学校、机构残疾学生比较集中的特点,充分发挥学校、机构独立运行的组织管理和资源配置优势,调动学校体育教师积极性,广泛开展参与性强、普及面广、特色鲜明的青少年阳光体育、趣味运动会,通过举办训练营、选拔赛,鼓励残疾青少年参加课外体育锻炼和校园融合活动,不断扩大残疾青少年参与体育活动人数,让更多残疾青少年走进大自然、走到阳光下,进而改善残疾青少年的身体健康状况,提高身体素质。依托家庭亲人,建立家庭康复健身体育模式,充分发挥家庭亲人的作用,尤其是中重度残疾人,以家庭为单位,以父母或亲戚为助手,以专业人员为指导提供家庭式康复健身体育服务。

六、加强科技服务力度,提供全方位信息化服务

残疾人独特的身体条件使残疾人的康复、健身体育活动具有一定的特殊性,因此为众多的残疾人提供科学的、专业的健身指导是残疾人公共体育服务运行中重要的一个环节。首先要加强科学健身指导服务专家队伍建设,加大残疾人康复、健身的科学研究。正是残疾人个体差异性,导致了为其提供

的体育锻炼具有很强的个体性,"运动处方"式的体育锻炼对其身体的康复、健身才具有指导意义。其次要将残疾人体质测试纳入国民体质监测和运动健身指导站达标建设中来,实施残疾人体质测定制度和国家残疾人体育锻炼标准制度(图6-14)。构建省、市、县三级体质监测网络,研发适合各类残疾人的体质监测项目,免费为城乡残疾人提供体质测定、健身指导和运动能力评定,掌握和动态观察分析残疾人体质变化的规律,有效改善和增强残疾人体质。尤其是在残疾儿童聚集的特教学校,加强对体育教育工作的监测和评估尤为重要,从《特殊教育学校暂行规程》中保证学生每天不少于1小时的体育活动时间,到《特殊教育学校建设标准》中对体育康复训练室、体育器材室和体育活动场地的具体指标,以及学生体质监测,对特殊教育学校体育进行全方位、标准化监测,从而健全特殊教育学校体育服务体系,促进特殊教育学校学生体质健康发展。省辖市县需依靠医疗康复站、社区医院、体质监测中心等努力打造集体质测定、运动能力评估和健身指导等服务为一体的综合性平台,通过互联网+残疾人公共体育服务信息平台,普及康复健身体育知识,指导开展体育健身活动。通过各种信息服务平台让残疾人群众充分了解与自身康复健身相关的各种信息,激发残疾人参与体育康复健身的积极性。编制《江苏省残疾人公共体育服务指南》,构建覆盖全省的科学健身指导网络,采取建立电子地图等方式推动残疾人公共体育服务信息化进程。

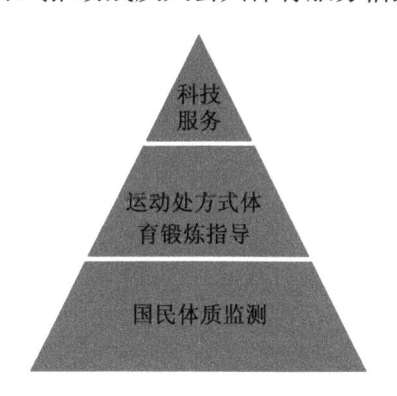

图6-14 三级科技服务

七、构建丰富的体育活动内容,建立科学的评价机制

省辖市、县依托全民健身、文体活动中心、特教学校体育设施,组织残疾人参加体育康复健身活动,充分利用一些特殊的节日,如国际残疾人日、助残

日、特奥日、健身日等节点上开展形式多样、内容丰富多彩的健身活动,形成"月月有活动、年年有比赛"的健身活动体系。鼓励残疾人体育协会、民间社会组织、企事业单位举办残疾人健身活动。鼓励大中小学生参与"特奥大学计划"和融合学校活动,建立以残疾人体育健身指导员为主体,体育工作者、医疗工作者、家长、学生参加的志愿服务长效机制。建立残疾人公共体育活动评价体系,包括残疾人体质监测、体质评价、体育锻炼标准和体育服务工作评价等。要求基层社区组织定期举办残疾人健身活动,如每年残疾人群众性基层体育活动不少于4次,每两年举办一次综合性运动会,定期举办各类体育单项赛事,定期进行监督检查,加强评价考核。做到工作有落实、有监督,形成良性的、可持续性发展。

结　语

残疾人公共体育服务是国家基本公共服务的重要组成部分,也是残疾人保障体系和服务体系重要组成部分,是在国家步入"全面建成小康社会新时代"进一步创新社会管理体制,完善社会政策制度大的社会背景下,根据党中央提出的我国体育事业要从体育大国向体育强国迈进的目标,站在发展战略的新高度和新的理念与价值取向下提出的新任务,其本质是从保障残疾人的基本体育权利和根本利益出发,将体育发展的各项资源和要素统筹起来,以最大限度地满足残疾人体育健身需求的公共服务体系。

"十三五"时期是全面建成小康社会的决胜阶段,落实全民健身国家战略,建设健康中国,将是未来我国体育事业发展的主要目标,尤其是各类人群包括残疾人的体育健身服务、体育组织培育等。毫无疑问,江苏省残疾人公共体育服务运行机制的研究是实现江苏省全民健身公共服务均等化,提高公共体育服务质量的着力点。残疾人公共体育服务建设是解决当前江苏省残疾人公共体育服务供需矛盾的有效途径之一,对于维护公共利益,彰显公共体育服务的基本性、公益性和全民性有着重要的现实意义。江苏省残疾人公共体育服务运行机制的构建不仅关乎全社会对残疾人群体的关注,更为重要的是在"健康中国"战略目标下要实现全面建成小康社会,残疾人的健康将直接影响到全面建成小康社会的进程。由此,建立健全江苏省残疾人公共体育服务运行机制,进一步完善服务运行机制的各项指标,加快残疾人小康步伐,将是今后江苏省体育工作和残疾人工作的重要使命。